KB150261

프랜차이즈를 이기는
스몰 브랜드의 힘

프랜차이즈를 이기는
스몰 브랜드의 힘

초판 1쇄 발행 2019년 11월 25일

지은이 박요철
펴낸이 이지은
펴낸곳 팜파스
기획편집 이은규
디자인 어나더페이퍼
마케팅 김서희
인쇄 범선문화인쇄

출판등록 2002년 12월 30일 제10-2536호
주소 서울특별시 마포구 어울마당로5길 18 팜파스빌딩 2층
대표전화 02-335-3681 팩스 02-335-3743
홈페이지 www.pampasbook.com | blog.naver.com/pampasbook
페이스북 www.facebook.com/pampasbook2018
인스타그램 www.instagram.com/pampasbook
이메일 pampas@pampasbook.com

값 15,500원
ISBN 979-11-7026-281-7 (03320)
ⓒ 2019, 박요철

이 도서의 국립중앙도서관 출판예정도서목록(CIP)은 서지정보유통지원시스템 홈페이지(http://seoji.nl.go.kr)와 국가자료공동목록시스템(http://www.nl.go.kr/kolisnet)에서 이용하실 수 있습니다.(CIP제어번호: CIP2019043458)

프랜차이즈를 이기는 스몰 브랜드의 힘

**가장 나답다면
작아도 성공할 수 있다**

박요철 지음

팜파스

프롤로그

작은 기업에도
브랜딩이 필요할까

약 1년 전, 뜻하지 않게 1인 기업이 되었다. 규모는 작지만 이름만 대면 쉽게 인식되는 회사에서 일하던 내겐 두려운 일이었다. 약 15년의 직장 생활을 이어오는 동안 딱 한 번 3개월 정도 쉰 적이 있었는데, 그때 월급쟁이에게 월급이 끊긴다는 게 어떤 것인지 경험했기 때문에 더욱 두려웠다. 하지만 지나친 기우였다. 돈의 문제만은 아니다. 좋은 분들을 만났고, 그들과 함께 일하고 있으며, 사람이 사람을, 일이 또 다른 일을, 신뢰가 신뢰를 부르는 선순환의 구조를 경험하고 있다는 의미에서 그렇다.

함께 일한 사람들은 대부분 작은 기업의 대표나 중견 기업의 부장, 이사들이다. 규모는 작지만 자신의 분야에서 최소 5년 이상, 때로는 10년을 넘긴 탄탄한 회사를 직접 경영하거나 창업 공신인 사람들이다. 화장품 회사, 학원 원장, 미용, 온라인 광고 회사, 주방용품 제조업……. 그들과 그들의 회사를 떠올릴 때마다 느낀다. 규모와 매출, 직원 수 같은 편견을 내려놓고 보면 자신의 업을 통해 나름의 세계를 만들어낸 그룹들이 정말 많다는 것을. 대기업이나 유명한 브랜드가 아니어도 나름의 가치와 철학을 가지고 하루하루 열심히 일하는 사람들이 얼마나 많은지를 비로소 깨닫게 된다. 그리고 자연스레 겸손해진다.

당신의 브랜드가
필요해지는 순간

많은 사람들이 '브랜드' 하면 여유 있는 큰 회사의 사치스러운 영업 활동으로 여긴다. 회사 이미지를 포장하는 것쯤으로 생각한다. 중요하고 필요하다고 여기지만 당장 돈이 되지 않는 마케팅 활동쯤으로 바라본다. 더구나 이 영역의 전문가들은 예산 때문이건 레퍼런스 때문이건 일정 규모 이상의 기업들만을 대상으로 컨설팅을 진행한다. 자연스러운 시장 균형의 결과일 수도 있으나, 작은 기업이나 1인 기업에는 '브랜딩은 실현 가능성이 적은, 사치스러운 고민'이라는 선입견을 공고히 하기도 한다. 하지만 직접 부딪혀 본 현실은 조금 달랐다. 규모는 작아도 브랜드를 고민하고 브랜딩을 실천하는 사람들이 적지 않았다.

직접 찾아가 본 중소기업들은, 매출은 크지 않아도 각자의 영역에서 인정받고 있었다. 그리고 또 한 가지 공통점이 있었다. 일정 시간이 지나 시장이 성장하면서 자연스럽게 경쟁업체를 마주해야 한다는 점이었다. 국내 제조업만의 문제는 아니었다. 해외의 유명 브랜드를 수입하는 경우도 마찬가지였다. 좀 더 경쟁력 있는 다른 나라의 브랜드들이 한국에 상륙하는 순간 수년간 쌓아 왔던 안정적인 시장이 위협받기 시작했다. 시장에 없던 제품이나 아주 작은 시장을 가진 틈새시장, 독보적인 기술력으로 차별화된 제품들도 결국은 강력한 경쟁자와 대면해야 했다. 아예 시장과 소비자가 바뀌기도 했다. 이런 변화는 SNS를 위시한 광고 매체와 채널의 다양화로 더욱더 빨라졌다.

이런 현실이라면 누구라도 이런 질문을 던지게 된다. 어떻게 하면 우리 제품과 서비스를 차별화할 수 있을까? 다음 5년, 10년은 무엇으로 먹고살 수 있을까? 그러기 위해서 당장 무엇을 해야 할까? 그리고 해법의 하나로 '브랜드'와 '브랜딩'을 고민하기 시작한다. 내가 만난 중소기업의 대표, 임원들이 한결같이 토로하는 고민이자 이슈, 그것은 다름 아닌 '브랜드'였다.

브랜딩은
결국 차별화다

지난 10년간 브랜딩에 가장 성공한 회사를 꼽으라면 '현대카드'와 '우아한형제들'을 꼽을 수 있을 것이다(요즘은 '칸투칸'과 '무신사', '밀도', '야놀자'를 주목한다). 적어도 브랜드에 관한 이론을 가장 교과서적으로 실행한 모범 사례들이다. 이런 회사들의 이야기를 들려주면 대번 이런 말을 던질 것이다. 우리는 그런 '브랜딩'을 집행할 돈도 여력도 없다고 말이다. '배달의민족'처럼 수백억 대의 투자를 받는다면 그때 고민해 보겠노라고 말하는 사람도 있을 것이다. 하지만 과연 분명한 브랜드를 가진 회사들이 거금을 들여서 하는 마케팅이나 광고, 프로모션과 이벤트들만이 '브랜딩'일까? 브랜드 전문지에서 일하는 동안 내부 에디터들이 열광하는 브랜드 중에는 아주 작고 사소한 브랜드도 적지 않았다. 홍대의 '조폭떡볶이'가 그랬고, '여행박사(지금은 크게 성장했지만)'가 그랬고, '로우로우Rawraw (역시 지금은 커졌지만)' 같은 브랜드가 그랬다. 이유는 간단하다. 브랜딩의 핵심은 규모가 아닌 '자기다움'의 발견과 그 실천에 있기 때문이다. 그것은 엄청난 자본이나 투자가 아닌 한 개인의 철학과 가치에 바탕을 두고 있다.

조그만 회사에 무슨 브랜딩이냐고? 작아도 브랜드가 된 사례가 적지 않다. 일본에 수백 년 된 가게들이 그토록 많이 존재하는 것도, 그들이 의도적으로 변화나 자동화 등을 제한해 가며 자신들의 고집을 지켜가는 이유도 '뭣이 가장 중헌지'를 알고 있기 때문이다. 독자들에게도 묻고 싶다. 브랜드란 무엇인가? 자신이 하고 있는 제품과 서비스를 통해 전달하고자 하는 것이 무엇인가? 돈을 버는 것? 그건 당연하다. 하지만 돈'만' 벌고자 한다면 '차별화' 자체는 요원하다. 누구나 돈을 벌고 싶어 하기 때문이고, 돈을 벌기 위해서라면 무엇이라도 할 사람들이 많기 때문이다. 그다음이 중요하다. 돈 말고도 얻고 싶은 것, 돈 말고도 전하고 싶은 것, 돈 말고도 열심히 일하고자 간절한 이유, 그것이 필요하다. 그것이 바로 진짜 '브랜딩'이다.

무엇으로 어떻게
차별화할 수 있을까?

최근 20년간 에스테틱 분야에서 일해 온 대표를 만났다. 이미 몇 개의 브랜드를 갖고 있고, 마음속에는 미래의 브랜드도 몇 개 준비하고 있는 사람이었다. 첫 약속을 하고 찾아가던 날 여러 통의 문자를 받았다. 자신의 매장으로 찾아올 수 있도록 지하철, 버스, 자가용 등 다양한 변수에 따른 안내를 깨알같이 적어 놓은 문자 메시지였다. 대부분은 알아서 찾아가는 편이지만 가끔은 그처럼 주소를 알려 주는 사람도 있다. 하지만 몇 번째 골목 어느 가게를 끼고 돌아 어떤 건물을 찾으면 되는지 등 이렇게 자세하게 안내해 주는 사람은 만난 적이 없었다. 게다가 나는 손님도 아니고 어떤 의미에서는 영업 사원으로 보일 수도 있었다. 나는 그날 그 브랜드와 대표의 선명한 '가치'를 선명하게 눈으로 보았다. 타인을 위한 '배려'와 '소통'이 무엇인지를 말이다.

이렇게 체화된 가치는 손님 같은 타인뿐 아니라 내부의 직원들과의 커뮤니케이션 과정에서도 고스란히 드러나고 있었다. 몸이 아파 출근이 어렵다고 전화해 온 직원을 대하는 매뉴얼은 아픈 직원뿐 아니라 함께 일하는 직원들의 사기까지 고려한 최고의 방법을 담고 있었다. 그는 여러 사안마다 배려와 소통이 어디까지, 얼마나 필요할지 이미 알고 있었다. 그쯤 되면 중요한 건 그 회사의 제품이나 서비스 자체만이 아님을 금세 깨닫게 된다.

브랜드란 자신이 중요하게 여기는 '가치'가 무엇인지, 그 가치를 얼마나 선명하게 타인에게 전달할 수 있는지에서 결정된다. 이것을 조금 있어 보이는 말로 '브랜드 경험'이라고 한다. 쉬운 말로 '고객 감동'이라고 한다. 우리는 단지 '커피' 때문에 '스타벅스'에 가지 않는다. 커피의 맛을 중요시한다면 연남동의 '커피 리브레COFFEE LIBRE'나 '프릳츠', '테라로사TERAROSA'를 찾을 것이다. 브랜드 경험, 고객

감동은 매일 다니는 집 앞의 슈퍼마켓이나 편의점에서도 가능한 것이다. 브랜드란 이처럼 쉽고 사소하지만, 그래서 신경 쓰지 못하는 사소한 영역에서 결정된다.

우리는 여전히
거위의 배를 가른다

브랜드는 '1+1' 마케팅이나 '약 빤 동영상'처럼 즉각적인 매출이나 효과를 가져다주지 못할 수도 있다. 게다가 브랜드를 구축하는 데에는 오랜 시간이 든다. 일면식도 없는 한 사람에게 제품과 서비스만으로 신뢰를 얻는 과정이 쉬울 리 만무하다.

하지만 '브랜드'와 '브랜딩'은 필요하다. 규모가 작고 매출이 작을수록 더욱 필요하다. 돈과 매장이 있는 누군가가 금방 따라 할 수 없는 '차별화'를 약속하기 때문이다. 언젠가는 등장할 경쟁자를 미연에 방지하기 때문이다. 생존을 위한 매일의 악전고투를 견뎌낼 힘이 되기 때문이다. 돈으로 살 수 없는 자신만의 독특한 '경쟁력'을 약속하기 때문이다. 같은 일을 '남다르게 해내는' 노하우를 찾아낼 수 있기 때문이다.

어떤 브랜드도 태생부터 강력한 아이덴티티와 컨셉을 갖고 탄생하지 않았다. 매일매일 생존을 위한 노력이 쌓이다 보니 자연스럽게 차별화된 것이다. 하지만 이 모든 것을 기억하고 기록하고 회사고유의 문화와 경쟁력으로 승화시키는 기업들은 많지 않다. 그리고 그 어려운 일들을 해내는 작은 회사들이 작아도 매력 넘치는, 결국은 큰 브랜드가 된다.

이를 위해 구체적으로 지금 당장 무엇을 해야 하냐고? 이제부터 생생하고 상세한 사례와 함께 찾아보기로 하자. 그전에 명심해야 할 것이 있다. 브랜드는 돈 많고 규모 있는 회사의 취미 활동이나 이미지 포장이 아니다. 비슷한 제품과 서비스가 난무하는 자본주의 시장에서 살아남을 수 있는 가장 강력한 정체성이다. 생존이 절박한 작은 회사일수록 더욱 그렇다. 한 1년 일하고 본전만 뽑은 채 유유히이 시장을 탈출할 생각으로 일하는 사람이 아니라면 더욱 그렇다. 가장 자신다운 브랜드를 만드는 여정은 지금 당장 시작되어야 한다.

차례

Part 1

작은 기업에도
브랜드가 필요한 이유

Part 2
컨셉, 보이지 않는 가치를 보이게 하라

Part 3
통점痛點, 숨겨진 필요와 욕망을 발견하고 싶다면

Part 4

차별화,
평범한 것이 비범해지는 법

Part 5

디테일,
작은 것에서부터의 브랜딩

Part 6
스토리, 모든 브랜딩의 시작과 끝

Part 1

작은
기업에도

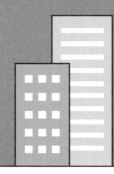

브랜드가
필요한 이유

SMALL BRAND

고된 창업의 '이유'가
결국 브랜딩이다

조수석에 앉았다. 새 차 냄새가 가득했다. 운전석에 앉은 대표는 바로 얼마 전에 폐차했다고 말했다. 5년 만에 무려 30만 킬로미터를 달린 결과였다. 하루에 서울-부산을 두 번 왕복한 적도 있다고 했다. 중국에 출장 가서는 울면서 거리를 헤맨 적도 있다고 했다. 높은 건물에 오르면 뛰어내리고 싶을 때도 있다고 했다. 대기업 퇴사 후 10년 만의 일이었다. 날마다 이어지는 저녁 접대에 질린 나머지 그는 창업이라는 선택을 했고 이제 막 투자를 받으며 겨우 한숨 돌리던 참이었다. 우연히 오래된 내 명함을 발견했고 그렇게 새로운 제품의 네이밍을 의뢰했다. 그렇게 만난 그의 이야기를 들으며 '세상에 쉬운 일이란 없구나' 하는 자조와 알 수 없는 공감의 마음이 교차했다.

그럼에도 불구하고 생기는 의문, 그는 왜 그 어렵다는 창업의 길을 선택한 것일까?

지난 2년간 적지 않은 '작은 기업'의 대표들을 만났다. 다양한 업종과 배경을 가진 그들을 만날 때마다 늘 '배우는' 기분이었다. 10년 가까이 브랜드에 관한 취재를 하고 인터뷰를 하고 글을 썼다. 사이트를 기획하고, 페이스북을 운영하고, 블로그 포스팅을 해왔다. 이른바 글과 말로 마케팅을 하는 '버벌 브랜딩Verbal Branding' 일이었다. 자의 반 타의 반으로 40대 중반에 들어서 1인 기업이 되었다. 그리고 상대적으로 작은 규모의 다양한 회사를 만나 함께 일하고 있다. 하지만 책으로 배운 그 얕은 지식으로 그들을 '컨설팅'한다는 말은 차마 할 수 없었다. 그래서 '브랜드 스토리 파인더Brand Story Finder'라는 새로운 직업명을 만들었다. 작지만 강력한 브랜드들을 글과 말로 세상에 소개하고 알리는 일, 그것이 내가 만들어낸 새로운 일이자 직업이었다. 지금도 그 일은 계속되고 있다. 그러던 중 오래전 알고 지내던 대표로부터 일을 의뢰받은 것이다.

어설픈 위로는 잠깐,
브랜드는 진짜 힘

돈을 벌어야 한다. 매출을 늘려야 한다. 굳이 자본주의를 운운하지 않아도 된다. 그들은 하루하루가 전쟁이다. 매월의 월급날엔 저격수의 표적이 된다. 사냥꾼 앞의 사슴 신세가 된다. 거창한 전략보다 하루하루의 생존이 절박한 그들이다. 사업을 계속하려면, 직원들의 월급을 주려면, 매일 벼랑 끝에 선 기분으로 제품을 팔고 웃으며 서비스할 수 있어야 한다. 그것은 철저하게 외로운 일이다. 대표직에 있는 사람을 만날 때마다 두세 시간이 훌쩍 가는 이유는 단순하다. 자신의 외롭고 고달픈 이야기를 직원에게도, 가족에게도 할 수 없기 때문이다.

나는 그런 사람들을 만날 때마다 어설픈 위로보다는 '브랜드'가 필요한 이유를 설명하곤 한다. 기술의 발달로 제품 간의 차이는 고만고만해졌다. 거의 모든 제품과 서비스의 영역에서 그렇다. 반대로 시장은 더 치열해졌다. 저성장은 일상이 되었고 불황은 오래된 일이다. 앞으로도 그럴 것이라고 한다. 고객들의 취향은 더욱 다양해졌다. 여러모로 고달픈 시장이다. 그 속에서 '브랜드'가 필요한 이유를 말하기가 쉽지 않다. 그래도 나는 말한다. 어설픈 위로는 잠깐이면 지나가지만, 브랜드는 진짜 힘이 되어 대표들을 돕기 때문이다.

브랜딩은 결국 '차별화'이다. 한 마디로 설명을 끝내야 한다. 고만고만한 제품들 속에서 선택을 받으려면 '남달라야' 한다. 굳이 이 작은 회사의 제품을 사야만 하는 이유를 설득해야 한다. 브랜딩이 필요한 이유는 바로 그것이다. 대표가 심혈을 기울여 내세운 제품과 서비스를 '고객들이 왜 선택해야만 하는지'에 대한 이유를 발견하고 설명하는 과정이다. 제품력은 기본이다. 다른 제품도 그 정도 기능은 모두 가지고 있다. 하지만 개성 강한 이 시대의 고객들은 꼭 기능만 보고 제품을 사지 않는다. 회사와 창업자의 철학, 독특한 컨셉, 매력적인 스토리를 보고 제품을 구매한다. '애플'이나 '발뮤다'를 보라. 비슷한 제품을 찾아보기는커녕 두 배, 세 배, 혹은 열 배의 비용을 치르면서도 꼭 그들의 제품을 사려고 하는 사람들이 줄을 섰다. 나의 말을 찬찬히 듣던 대표가 비로소 입을 열었다.

"나도 알아요. 그런데 말이지요, 시간이 걸리잖아요."

대화는 여기서 잠시 소강상태에 접어든다. 맞는 말이기 때문이다. 당장의 매출과 생존이 급한 대표들도 브랜딩의 중요성은 알고 있다. 다만 브랜딩을 할 여유가 없다. 결국 여기서 대표들의 반응은 두 가지로 갈린다. 좋은 얘기 들었다며, 다음에 기회가 되면 더 이야기해 보자는 사람, 그래서 무엇을 해야 하냐고 묻는 사람이다. 다음을 기약하는 사람들에게는 최선을 다해 마무리한다. 브랜드의 필요성, 중요성을 깨닫는 날이 꼭 오기 때문이다. 자신이 해야 할 일을 묻는 사람들에게는 진짜 이야기를 시작한다. 브랜딩을 위해 가장 필요한 작업, 이 책은 바로 그런 부분에 관한 이야기다.

"도대체 이 고된 사업을 왜 시작하신 건가요?" 이건 의례적인 질문이 아니다. 진짜로 궁금해서다. 작은 기업이라고는 하지만 개인 역량은 탁월한 사람들이다. 그 분야에 대한 충분한 경험과 지식을 가진 데다 '창업'이라는 모험을 감행할 만큼 용감하다. 내 질문에 대한 그들의 첫 번째 대답은 물론 '돈' 때문이다. 성공하기 위해서다. 누구 밑에서 일하는데 영 익숙지 않아서다. 회사에서보다 더 벌 자신이 있기 때문이다.

이런 이야기를 묵묵히 듣다 보면 진짜 이야기가 나오기 시작한다. 그들이 사업을 시작한 당시에는 미처 몰랐던, 성공을 위해 고군분투하는 과정에서 알게 된 것들이 있다. 그들은 단순히 제품과 서비스를 제공하는 데서 그치지 않는다. 직원과 동업자와 고객들을 상대하면서 '보람'이란 것을 느끼게 된다. 자신과 자신의 회사가 지닌 '쓸모'를 깨닫게 된다. 사람들의 문제를 해결해 주는 과정이 주는 '마력'은 사업을 하다 보면 더욱 확실히 느낄 수 있다. 매출과 성장은 단지 그것의 결과임을 알게 되는 것도 그즈음부터다. 그들이 밤을 새우며 일하는 이유는 단지 돈을 많이 버는 것에서 머무르지 않는다.

모든 경우에 그런 것은 아니지만 많은 경우에 그렇다.

'진짜 이유'가
무엇인가?

고된 창업의 이유, 우리는 이런 것들을 '가치'라고 부른다. 쉽게 말해서 값어치, 쓸모와 비슷한 말이다. 물론 완벽한 설명은 아니다. 이 '가치'라는 단어 자체가 말로는 충분히 설명할 수 없기 때문이기도 할 것이다. '가치'라는 말이 모호하다면, 이렇게 생각해 보자. 알려진 혹은 숨겨진 문제를 해결하는 과정, 그것이 바로 이 시대에 브랜드가 필요한 핵심적인 이유다. 그것은 단지 고객들의 만족에 머무르지 않는다. 그 어렵다는 창업을 하는 사람들이 느끼는 보람과 쾌감은 바로 이 '가치'를 자각하는 과정을 통해서 공고해진다. 대표 자신의 가치, 작은 기업의 가치를 자각하는 것만으로도 그 존재의 의의는 커진다. 단단한 가치를 브랜딩 하는 그 지점에서 진짜 '차별화'가 시작되는 법이다.

대표들이 밤잠을 설쳐 가면서 일을 하는 이유는 거기에 있다. 단순히 돈을 벌어 편하게 먹고 살 작정이었다면 다른 선택을 했을 것이다. 대기업에 남거나 더 편한 길을 갔을 것이다. 때로는 거짓과 사기의 유혹을 받을 수도 있을 것이다. 그 길을 간 사람들은 브랜드를 만들지 못한다. 자신의 일에서 보람을 느끼고, 고객들의 문제 해결을 통해 삶의 의미를 찾는 사람들이 기어이 결과를 만들어내는 순간, 우리는 그것을 한 마디로 '브랜드'라고 부른다. 그래서 나는 대표들을 만날 때마다, 거기서 일하는 직원들을 만날 때마다 다음과 같은 질문을 맨 먼저 던진다.

"이 일을 하는 '진짜 이유'는 무엇인가요?"

그리고 바로 그 지점에서부터 브랜딩이 시작되곤 한다. 그 지점에 바로 차별화를 위한 모든 것이 있다. 우리는 그것을 조금 어려운 말로 '가치'라고 부른다. 누군가에게 쓸모 있는 무언가를 제공하는, 마음 깊은 곳에서 우러나오는 기쁨, 만족, 보람… 그리고 그 가치를 만들어내는 과정을 우리는 '브랜딩'이라고 부른다.

오해하지 말아야 할 것이 있다. 비즈니스에서 매출과 수익은 모든 전략의 기본이다. 너무나 기본적이라 언급을 하지 않을 뿐이다. 자신이 만드는 제품과 서비스의 품질 역시 당연하고도 당연하다. 그러나 그것만으로는 브랜드를 차별화할 수 없다. 그래서 우리는 다음과 같은 질문을 던져야 한다. 창업과 생존이라는 극한의 스트레스를 견디면서도, 이 일을 접지 않고 평생 해야만 하는 진짜 이유, 바로 이 일을 시작한 그 이유가 모든 차별화, 모든 브랜딩의 첫 번째 단추가 된다.

이제 이 질문을 스스로 던져 보자. 돈 되는 다른 아이템이 등장하면 당장 사업을, 일을 접을 것인가? 그런 분이라면 이 책을 지금 덮어주시라. 그러나 통장 잔고가 충분해도 이 일을 계속할 것이라면, 평생 이 일을 계속할 각오라면, 다음의 이야기에 귀를 기울여 주시라. 바로 그런 분들의 이야기를 하려고 하기 때문이다.

"그 어렵다는 창업을 하는 사람들이 느끼는 보람과 쾌감은 바로 이 '가치'를 자각하는 과정을 통해서 공고해진다. 대표 자신의 가치, 작은 기업의 가치를 자각하는 것만으로도 그 존재의 의의는 커진다. 단단한 가치를 브랜딩 하는 그 지점에서 진짜 '차별화'가 시작되는 법이다."

'어떻게How'나 '무엇What'이 아닌
'왜Why'를 물어야 한다

회사에 우열반이 있었다면, 분명 나는 열반이었을 것이다. 서른 중반, 글을 쓰고 싶다는 열망에 사로잡힌 것부터가 위험한 선택이었다. 더 늦기 전에 후회 없는 삶을 살고 싶어 브랜드 전문지에 입사했다. 혹독한 현실이 뒤를 따랐다. 주말 없이 일했다. 밤낮없이 글을 썼다. 하지만 20대의 젊은 감각을 따라가는 일은 거의 불가능해 보였다. 글을 쓰는 것은 조금 경험이 있었다. 잘 쓴다는 얘기도 곧잘 들었다. 하지만 '브랜드'는 내게 전혀 생소한 분야였다. '컨버스converse' 신발을 한 번도 신어본 적이 없다고 하자 편집장이 혀를 차던 모습이 지금도 기억에 선하다. 그렇게 꾸역꾸역 10여 년간 브랜드에 관한 글을 썼다. 크고 작은 다양한 회사를 인터뷰했다. 그 결과 한 가지만큼은 자신 있게 말할 수 있게 되었다. '브랜드'란 어려운 주제를 조금은 '쉽게' 말할 수 있게 됐다는 점이다.

의사들이 라틴어를
쓰는 이유는?

　종종 병원에 가면 이런 의문을 가지곤 한다. 왜 의사들은 일반인이 알아듣지도 못할 말로 얘기해야만 하는 것일까? 처방전에 감기, 몸살이라고 쓰면 큰일이라도 나는 것일까? 왜 생경하기 짝이 없는 '라틴어'로 병명과 증상을 말해야만 하는 것일까? 어쩌면 그것은 인간의 '본능'과도 관련이 있다. 사람들은 어떤 식으로든 남과 자신을 '구별' 짓고자 하는 열망을 가지고 살아간다. 의사뿐 아니라 대부분의 전문가가 자신들만의 '전문 용어'로 일반인과 자신을 구분 짓는다. 일종의 '차별화'인 셈이다. 그런데 이 차별화가 꼭 나쁜 것만은 아니어서, 사람들은 이렇게 '구별된' 전문가를 통해 위안과 신뢰를 얻는다. 어쩌면 누군가는 의사를 만나는 순간 '플라시보 효과'의 덕을 보고 있을지도 모른다. 그러니 의사들이 자신을 '구별 짓는' 것이 꼭 나쁘다거나, 불필요한 것으로 생각하지 않는다.
　브랜드도 마찬가지다. 많은 브랜드 컨설턴트들이 전문 용어를 즐겨 쓴다. 의사가 쓰는 '라틴어'와 크게 다르지 않다. 4P, 유도 전략, 브랜드 에쿼티… 수많은 브랜드와 마케팅 관련 용어들을 숨 쉬는 것처럼 자연스럽게 쓴다. 그러한 용어를 10년 넘게 들어온 나로서는 의문이 든 것도 사실이다. 꼭 그렇게 어려운 말을 써야만 문제를 해결하고 컨설팅을 할 수 있는 것일까? 쉽게 얘기하면 클라이언트들이 신뢰하지 못하는 것일까? 이런 생각을 가지게 된 것은 무엇보다 나에게 '어려웠기' 때문이다. 무슨 말인지 제대로 이해도 못 하면서 글을 쓰고 때로는 컨설팅을 했다. 답답한 건 둘째 치고 양심의 가책을 느끼기도 했다. 나는 '쉽게' 말하고 싶었다. '브랜드'와 '브랜딩'이 가진 단어의 참뜻을 쉽게 설명하고 싶었다.

<u>브랜딩은 한 마디로 자신이 만드는 제품과 서비스가 가진 '가치'를 전달하는 과정이다.</u> 그 가치는 소비자들의 '필요'와 '욕망'을 채우는 과정을 통해 전달된다. 모든 비즈니스 모델은 이렇게 사람들의 필요와 욕망을 해소해 주는 문제 해결의 과정이다. 하지만 이렇게 말해 놓고 봐도 여전히 모호하다. 대체 가치란 무엇인가? 필요와 욕망은 어떻게 다른가? 그리고 가장 중요한 한 가지 질문, 그것이 매달 생존을 걱정해야 하는 작은 기업들에게 왜 그토록 필요하단 말인가? 이런 질문에 한 번쯤은 쉽게 답하고 싶었다. 그것이 여타의 뛰어난 브랜드 전문가들과 나를 '구별하는' 차별화 요소라고 생각했다.

젊은 여성들은
왜 '타다'를 탈까?

예를 들어 '타다'는 사람들의 어떤 필요와 욕망을 채워 주는 서비스라고 말할 수 있을까? 가장 기본적인 필요는 택시를 잡기 힘든 사람들이 편리하게 목적지까지 갈 수 있도록 돕는 '운송' 서비스라고 말할 수 있을 것이다. 하지만 이것으로는 일반 택시나 다른 대중교통 수단과 차별화하기 힘들다. 굳이 '타다'라는 서비스를 새로 만들 이유가 없다는 말이기도 하다.

다만, 다음과 같은 상황을 가정하면 이야기가 달라진다. 만일 야근을 밥 먹듯 하는 어느 회사의 여직원이 있다고 가정해 보자. 콜택시를 부르고, 택시의 번호판을 동료가 대신 확인하는 수고를 매일 할 수는 없다. 그렇다고 이토록 험한 세상에서 아무 택시나 타는 일은 언제나 마음 불편한 일이다. 타다는 바로 그런 불특정 소수를 위해 '안심'이라는 서비스를 추가로 제공함으로 차별화될 수 있었다. 기사의 신원을 확인할 수 있고, 가는 경로를 확인할 수 있으며, 서비스의 질을 평가까지 할 수 있다. 이뿐 아니다. 넓고 쾌적한 환경에서의 이동은 물론 기사가 틀어놓은 시끄러운 음악이나 라디오를 듣지 않아도 된다. 불쾌하게 만드는 기사의 질문도 없다. 이것은 기사 입장에서도 마찬가지다. 손님들을 평가해 원치 않는 소비자들을 가리고 배제할 수도 있다. 타다는 단순한 '운송' 서비스가 아니라 사람들의 '안심'이라는 숨은 욕망을 채워 주는 서비스이다.

티파니앤코TIFFANY&Co.의 가치를 단순히 은silver의 가치로만 따지면 그 가격을 이해할 수 없다. 롤렉스ROLEX를 시간을 확인하기 위해서만 사는 사람은 없다. 티파니앤코는 사랑하는 연인을 위한 '고백'이라는 가치를 담아 수십만 원의 가격에 지금도 거래되고 있다. 롤렉스는 남자에게 '성공'의 상징이다. 이 상징 때문에 그것이 가진 원래의 필요를 넘어서는 '가치'를 담아 수백만 원의 가격이 매겨진다. 꼭 고가의 제품과 서비스에만 이러한 '가치'가 담기라는 법은 없다. 동네 빵집에도 이런 질문을 던질 수 있다. 아니, 던져야만 한다.

"우리 빵집은 단순히 '빵'이 아닌 어떤 '가치'를 전달하고 있는가?"

이런 질문이 그 빵집을 특별하게 만든다. 차별화한다. 이런 질문을 다른 말로 '업의 본질'을 묻는 것이라고 말할 수 있다. 진정한 차별화는 어떻게How나 무엇What의 영역이 아닌 '왜Why'의 영역에서 시작된다. 빵을 만드는 기술How이나 빵의 종류What만으로 남달라지기엔 제빵의 수준이 너무 상향 평준화 되었다. 동네 빵집이라고 해서 좋지 않은 재료나 옛날 기계를 쓰지 않는다. 오히려 작은 가게일수록 적은 종류의 빵을 더욱 전문적으로 만들어내기도 한다. 중요한

것은 크고 작은 빵집 중에서 독특해지는 것이다. 그 유니크unique함
은 곧 생존과 직결되기에 더욱 절실하다. 유니크함, 진정한 차별화
는 결국 그 빵을 만드는 사람의 생각이나 가치관을 통해 가장 남달
라질 수 있다. 빵을 만드는 이유, 제빵을 대하는 자세, 그 일을 시작
한 이유가 그 빵집을 가장 남다르게 만든다는 이야기다.

브랜드가 좀 더 쉬운 말이었으면 좋겠다. 그렇다고 브랜딩이 쉬
워질 리는 만무하지만, 적어도 일부 대기업의 호사스러운 포장처럼
읽히는 일은 없었으면 좋겠다. 동네에 개성 넘치는 작은 가게들이
더 많아졌으면 좋겠다. 남이 하는 치킨집을 너도나도 해서, 결국엔
함께 망하는 시장은 더 이상 나오지 않았으면 좋겠다. 작지만 강한
브랜드를 찾아 나서는 여정을 시작하고, 결국에는 자신의 것을 직접
만들어야 하는 이유이기도 하다.

"대체 가치란 무엇인가? 필요와 욕망은 어떻게 다른가? 그리고 가장 중요한 한 가지 질문, 그것이 매달 생존을 걱정해야 하는 작은 기업들에게 왜 그토록 필요하단 말인가? 이런 질문에 한 번쯤은 쉽게 답하고 싶었다. 그것이 여타의 뛰어난 브랜드 전문가들과 나를 '구별하는' 차별화 요소라고 생각했다."

업의 본질에 대한
자신만의 답이 있는가?

약 2년여 동안 작은 스타트업과 협업을 한 적이 있었다. 함께 일하던 컨설턴트 몇 사람과 회사의 전략 수립에서부터 제품 개발, 교육 등의 과정을 도왔다. 처음엔 지하상가에서 서너 명의 대학생이 시작한 이 회사는 이제 직원 수 50여 명에 이르는 의젓한 진짜(?!) 기업으로 성장했다(사실 그전에는 대학 동아리 같은 느낌이었다). 이후 여러 곳의 투자가 이어지더니 새 빌딩, 새로운 사무실에 입주했다는 소식을 최근 전해 들었다. 반갑고 놀랍고 감사한 소식이었다.

스타트업을 대상으로 한 행사 자리에서 새삼 그 스타트업에서의 기억들이 하나둘씩 떠올랐다. 이들도 그런 성장과 성공의 꿈을 꾸며 '창업'이라는 어려운 길을 선택한 것이겠지. 하지만 그 과정은 아마도 녹록지 않을 것이다. 내가 함께했던 그 스타트업도 지금의 작은 성공에 이르기까지 숱한 어려움을 겪었으니까. 그 과정을 내부에서 속속들이 지켜보았다. 수년 이상 지하상가의 어둡고 좁은 사무실에서 희망이 보이지 않는 숱한 실패들을 경험했다. 적지 않은 창업 멤버들이 힘든 일과 다양한 이유로 회사를 떠나기도 했다. 그러면서도 제대로 된 '브랜드'를 하나 만들어보겠다며 내가 다니던 회사에 컨설팅 의뢰를 했다.

한창 주가를 올리고 있던 연예인이 이 브랜드의 제품을 공항에 들고나오는 기적 같은 일이 없었다면 과연 회사가 존속할 수 있었을까? 하지만 그저 운이라고만 치부할 수 없는 이유는 명확하다. 그들은 포기하지 않았다. 그래서 몇 년 만에 한 번씩 찾아오는 운을 잡을 수 있었다. 초심을 지키기 위해 고군분투했다. 새로운 시도와 투자를 마다하지 않았다. 지금의 성공이 그런 견고한 토대를 갖고 있기 때문에 쉽사리 흔들리지 않을 거란 믿음이 있는 것이다.

업의 본질에 대한
자신만의 답이 있는가

행사 자리에서 받은 첫 질문은 '브랜드란 무엇이며, 마케팅과 어떻게 다른가'였다. 7년간 브랜드 전문지 에디터로 일하면서 가장 많이 묻고 답했던 질문 중의 하나였다. 하지만 스타트업들에게도 그런 질문과 답이 어울릴까? 필요할까? 브랜드란 '살아있는 생물체'다. 성공한 어느 브랜드를 속속들이 분해하는 벤치마킹만으로 그 성공을 훔쳐 올 수 없다. 마치 한 번 해부한 개구리를 다시 살려낼 수 없는 것과 같다. 하지만 우리는 여전히 성공한 국내외의 스타트업들을 참고하며 무언가를 배우려고 여러 가지 시도를 한다. 의미 있는 일이다. 꼭 필요한 일이다. 더 많은 경우의 수를 가지고 준비하는 사람들이 더 빠른 성공을 할 수 있을지 모른다.

그러나, 그럼에도 불구하고, 한 가지 변치 않는 사실이 있다. 이들 스타트업이 성공한다면, 아마도 그 성공의 이유는 모두 다를 거라는 사실이다. 당연하다. 창업자도, 아이템도, 시장도, 소비자도 다 다르기 때문이다. 그러나 같은 이유로 실패할 스타트업들은 훨씬 더 많을 것이다. 그럼에도 불구하고 행사 자리에서 몇 가지 사례와 더불어 무언가를 말하지 않을 수 없었다. 동시에 이는 1인 기업으로 일한 지 3년 남짓 된 나 자신을 위한 말이기도 했다. 그중에서 단 한 가지를 뽑아서 이곳에 기록해보려고 한다. 나머지는 다 부차적이니까. 스스로 해결하고 찾아야 할 답들이니까.

'본질적인 문제'에 가까운
질문을 던져라

테오도르 레빗이 쓴 《마케팅 상상력》(21세기북스)이라는 책에는
다음과 같은 유명한 말이 등장한다. '사람들은 드릴이 아니라, 그 드
릴이 뚫어 놓은 구멍을 산다'는 말이다. 무슨 말인지 이해가 되는가?
드릴을 만드는 회사가 더 좋은 드릴을 만들기 위해 고군분투하는 건
당연한 일이다. 문제는 그 드릴을 만드는 회사가 수십, 수백 개에 이
르는 현실이다. 마케팅은 이 드릴을 더 많이 팔기 위한 홍보와 광고,
이벤트와 프로모션에 목을 건다. 분당 회전수를 강조하기도 하고
1+1 이벤트를 제안하기도 한다.

하지만 브랜드 관점에서 이 문제를 푸는 방식은 약간 다르다. 이
드릴을 사고자 하는 사람들의 '본질적인 문제'에 집중한다. 왜 그들
은 드릴을 사고자 하는가. 이 드릴을 사용해 해결하고자 하는 문제
는 무엇인가. 그 구멍이 필요한 소비자는 대체 누구인가. 이렇게 본
질에 가까운 질문을 던지면 '다른 답'을 얻을 수 있다. 내가 최근에
산 드릴은 유명 메이커의 덩치 큰 제품이 아니라 핸디형 모델이었
다. 크기가 작은 만큼 힘은 떨어졌지만 이케아의 가구를 조립하기
에 딱 적합한 제품이었다. 아마도 공구를 많이 사용해 보지 않았거
나 앞으로도 본격적으로 자주 사용할 일이 없는 고객들이라면 매력

을 느낄만한 제품이었다. 하지만 일반적인 용도로만 생각하면 나오기 힘든 제품이었다. 새로운 고객과 환경에 대한 '다른 질문'을 던졌기에 나올 수 있는 제품임이 틀림없었다.

'다른 질문'에 익숙해지는 일은 좀처럼 쉽지 않다. 그것은 '사람의 생각, 욕구, 본능'을 읽는 작업이기 때문이다. 인문학적 열풍의 시작은 바로 이런 질문에 답하기 위한 노력으로 시작되어야 한다. 그래서 인간과 삶의 본질의 문제를 끊임없이 파고드는 소설가와 시인들, 철학자들의 책을 읽는 것은 비로소 유용한 일이 된다. 트렌드에 관한 책들 역시 모두가 이러한 질문과 답에 관한 내용을 담고 있다. 그런 의미에서 인문학적 상상력은, 쉽게 말해 지금의 사람들은 무엇을 필요로 하고 무엇을 욕망하는가에 대한 질문을 쉴 새 없이 던져야만 한다.

규모가 작을수록
브랜딩이 필요한 이유

스타트업도 회사이다. 기업이다. 브랜드이다. 규모가 작다고 해서 기존의 회사나 기업과 다른 브랜딩 방법론이 적용된다고 생각하지 않는다. 오히려 규모도, 자본도 작은 만큼 더 치열하게 브랜딩을 고민해야 한다. 다시 말해 스스로 끊임없이 질문을 던질 수 있어야 한다.

부연해서 말하자면 앞서 소개한 스타트업은 '마리몬드'라는 브랜드다. 이 기업은 위안부 할머니들을 돕기 위해 만들어진 회사다. 이들이 일하는 이유는 위안부 할머니들의 '존엄을 회복'하기 위해서다. 이를 위해 할머니들이 손수 그린 패턴을 활용해 핸드폰 케이스와 같은 다양한 생활용품을 만들었다. 그러던 어느 날 수지 씨가 마리몬드의 핸드폰 케이스를 들고 공항에 나타났다. 몇 달 후에는 박보검 씨가 해당 브랜드 옷을 입었다. 내가 아는 한 협찬 같은 건 없었다.

이 브랜드의 성공을 이들 연예인 때문이라고 말한다면 그건 정말 '실례'이다. 그 자리에 이르기까지 몇 년간 지하 사무실에서 생활한 사람들이 있다. 매주 수요일마다 소녀상을 지키는 집회에 직원들이 돌아가며 참석했다. 수익 일부를 정의기억연대와 같은 관련 단체에 기부했다. 그들이 한 질문은 한결같았다. 위안부 할머니들을 '돕는' 것에서 더 나아가, 위안부 할머니들의 '존엄'을 고민했다. 자신이 아끼는 아이돌의 탄생과 존재만으로도 고마워서 생일 축하 사진을 지하철 광고로 내거는 팬들을 보면서, 할머니의 생일 축하 사진을 지하철 광고로 내거는 아이디어를 낼 수 있었다. 질문이 다르니 나올 수 있었던 다른 답이었다. 나는 이것이 스타트업이 해야 할 '브랜딩'에 대한 고민이라고 생각한다.

브랜딩은 마케팅과 큰 의미에서 다르지 않다. 다만, 모든 마케팅은 '브랜딩'을 지향해야 한다. '더 많이 팔 궁리'에 더해 '소비자와의 관계'를 고민해야 한다. 사랑하는 사람과 연애를 할 때 누구도 '이익'을 먼저 생각하지 않는다. '관계'를 고민한다. 그 '관계'가 100일, 1000일 이상 오래 갈 방법을 궁리한다. 이 '지속가능한 관계'를 고민하는 것이 바로 '브랜딩'이다. 그러니 가진 재산도, 선물로 줄 다이아몬드도 없는 스타트업은 더 치열하게 '브랜딩'을 고민해야 한다. 자신이 무얼 만들고 있는지, 그것을 필요로 하는 사람은 누구인지, 그 소비자들은 무엇을 가장 아쉽고 불편하게 생각하는지 연구에 연구를 거듭해야 한다. 마치 100일 선물로, 1000일 기념 이벤트로 머리를 싸매는 누군가처럼. 그리고 그 고민은 어렵지만 당연하고, 힘들지만 아름다운 것이다. 나는 그것이 '브랜딩'의 본질이자 '브랜드'의 핵심이라고 생각한다. 그리고 그 답은 치열한 질문 끝에 얻을 수 있는 '자신만의 것'이라고 굳게 믿는다.

"'더 많이 팔 궁리'에 더해 '소비자와의 관계'를 고민해야 한다. 사랑하는 사람과 연애를 할 때 누구도 '이익'을 먼저 생각하지 않는다. '관계'를 고민한다. 그 '관계'가 100일, 1000일 이상 오래 갈 방법을 궁리한다. 이 '지속가능한 관계'를 고민하는 것이 바로 '브랜딩'이다."

진짜 가치는
제품에 앞서지 않는다

　　가로수길에는 '배드 파머스BAD FARMERS'라는 샐러드 맛집이 있다. 지금은 잠시 문을 닫고 새로운 시작을 준비한다고 들었다. 한때 가로수길을 대표하던 이 핫한 가게를 굳이 이야기하는 데에는 이유가 있다. 붉은색과 녹색의 강렬한 조화가 샐러드의 컬러와 매칭되어 오래도록 기억에 남는 브랜드였기 때문이다. 로고 속 화난 아저씨는 오히려 찾는 이들에게 이상한 믿음(?)을 주었다. 자신의 농작물을 고집스럽게 키웠을 것 같은 나쁜 농부의 고집, 컨셉마저 선명한 이곳의 창업자 중 한 사람을 우연히 만난 적이 있었다. 그는 자신이 운영하는 '사람 바이러스'라는 페이스북 페이지에 다음과 같은 글을 남긴 적이 있다.

"자신이 좋은 가치를 가졌다고 설명하는 것보다, 사람들이 먼저 호기심을 갖도록 하는 것이야말로 궁극의 브랜딩입니다. 완성도가 높고 비즈니스적으로 성공한 브랜드라면, 가장 빠르고 효과적인 속도로 대중의 마음에 다가설 수 있습니다. 사람들이 '그냥 멋져서' 다가와 경험하게 되면 마음의 벽을 쉽게 허물어지고, 브랜드가 이야기하는 가치에 귀를 기울입니다."

그는 오랫동안 제 3세계의 아이들을 돕는 일에 관심을 가져왔다. 그들을 돕는 핸드폰 케이스를 직접 만들어 판매하기도 했다. 하지만 좋은 뜻에도 불구하고 판매는 신통치 않았다. 그는 그 실패 요인으로 '가치'가 너무 앞서갔기 때문이라고 했다. '아무리 좋은 생각을 담은 제품과 서비스라 해도 사람들이 매력적인 첫인상을 주지 못하면 어려운 거로구나.' 그런 깨달음이 '배드 파머스' 탄생에 일조했다. 외국과 달리 아직 우리는 샐러드를 사이드 메뉴 정도로 생각하는 경우가 많다. 하지만 미국 여행에서 영감을 얻은 샐러드 전문점을 그들은 한국으로 가져왔다. 샐러드만으로도 충분히 건강하게 한 끼를 해결할 수 있다는 믿음 때문이었다.

이토록 가벼운 하루,
아주 보통의 하루

그러나 그 믿음을 구체화하여 고객들에게 접근하는 방식은 전혀 달랐다. 그들은 매장의 입구에 배드 파머스 로고와 함께 녹색과 붉은색의 포토존을 만들었다. SNS에 익숙한 이들을 위한 작은 배려였다. 실제로도 배드 파머스를 인스타그램에서 검색하면 포토존에서 찍은 사진들을 쉽게 찾아볼 수 있다. 색색의 컬러감과 재미있는 카피가 곁들여진 메뉴들을 보고 나면 샐러드를 대하는 그들의 유쾌한 자세를 접할 수 있다. '이토록 가벼운 하루'는 비트와 당근, 사과와 레몬이 들어간 주스 이름이다. '아주 보통의 하루'는 당근과 사과, 오렌지와 자몽 그리고 파인애플이 들어갔다. 그제야 사람들은 배드 파머스의 메시지에 관심을 기울이게 된다. '단순히 예쁜 먹거리가 아니구나.' '우리들의 몸까지 생각한 건강한 브랜드구나.' 배드 파머스에 대한 믿음과 애정은 더욱 커진다.

이러한 깨달음은 이후 오픈한 '아우어OUR__' 브랜드를 통해 날개를 달았다. 맛있는 빵과 보기에도 좋은 마실 거리로 유명한 이 집에도 포토존이 있다. 외국인 전문 셰프의 솜씨는 조금 뒤로 숨겨 놓았다. 녹차와 커피, 우유를 층층이 쌓은 '그린 티 더블'은 누구라도 한 번쯤 스마트폰을 꺼내어 사진을 찍고 싶게끔 만든다. 입으로 먹기 전에 눈으로 먼저 먹는, 이 시대의 트렌드에 완벽히 부합한 브랜드다. 사진을 찍고 나서야 그들은 빵맛에 비로소 눈을 뜨게 된다. 그리고 그제야 그들이 전하고 싶은 메시지에 귀를 기울이기 시작한다.

불과 몇 년 전이었다면 나는 이 페이스북 글에 쉽게 동의하지 않았을 것이다. '올바른 가치와 굳건한 철학의 선행이 좋은 브랜드를 완성한다.'고 믿었기 때문이다. 지금은 조금 생각이 다르다. 그 '가치'라는 것이 실은 만드는 제품의 가장 본질적인 완성도를 향한 끝없는 고민과 고집, 세상의 반대와 비난, 실패를 무릅쓰고 나아가는 인내와 끈기임을 알았기 때문이다. 지킬 수 없는 가치와 철학을 '말'로 포장한 채 나아가면 결국 자신이 내세운 그 가치에 걸려 넘어지고 만다. 그때의 가치는 참된 가치가 아니라 자기기만이자 오만이기 쉽다. 쿨하고 멋진 제품, 세심한 배려와 서비스에 최선을 다하는 것이 먼저다. 그러면 사람들이 다가와 말을 걸어준다. 그때 내가 정말로 전하고 싶었던 그 가치를 전하면 된다.

진정한 브랜드 뒤에
숨어 있는 한 가지

많은 기업과 브랜드가 '가치와 철학'을 전면에 내세운다. 통닭 한

마리를 튀기면서도 마치 철학책을 읽는 듯한 고집스러움으로 '포장' 한 브랜드를 TV 광고에서 여러 번 보았다. 하지만 정작 뉴스를 통해 드러난 민낯은 직원들에게 갑질과 폭력을 일삼는 부도덕한 대표가 있는 기업이었다. 이런 브랜드 때문에 '브랜드는 포장'이라는 오명을 뒤집어쓴다. 하지만 그건 가짜다. 진짜들은 가치와 제품, 서비스가 따로 가지 않는다. 그리고 그 가치를 전면에 내세우지 않는다. 제대로 만든 제품이 먼저다. 가치와 철학은 그다음이다. 혹 시간은 조금 걸릴지언정 진짜는 결국 사람들에게 알려지기 마련이다. 그제야 사람들은 감탄한다. '이토록 좋은 제품, 이토록 섬세한 서비스의 뒤에는 그들의 가치가 숨어있었던 것이구나.' 하고.

물론 반대의 경우도 있다. 아무런 철학 없이 그저 '사진 찍기 좋은', '예쁘기만 한 카페'도 많다. 그런 곳에서 사람들은 인증샷만 남긴 채 사라진다. 그 예쁨을 이어갈 메시지나 철학, 제품의 매력이 없다면 한 때의 핫한 브랜드로 사라질 가능성이 높다. 브랜드를 완성하는 것은 결국 차별화된 가치다. 그러나 그 가치는 제품과 서비스 깊숙이 숨어 있어야 한다. 그 둘의 조화가 결국은 제대로 된 하나의 브랜드를 가늠할 수 있는 진정한 잣대가 된다.

"지킬 수 없는 가치와 철학을 '말'로 포장한 채 나아가면 결국 자신이 내세운 그 가치에 걸려 넘어지고 만다. 그때의 가치는 참된 가치가 아니라 자기기만이자 오만이기 쉽다. 쿨하고 멋진 제품, 세심한 배려와 서비스에 최선을 다하는 것이 먼저다. 그러면 사람들이 다가와 말을 걸어준다. 그때 내가 정말로 전하고 싶었던 가치를 전하면 된다."

매출이 곧 인격?!
그런데도 브랜딩이 필요할까?

그것은 마법과도 같았다. 몇천 원짜리 은silver이 수십만 원을 호가하는 티파니앤코TIFFANY&Co.로 순식간에 변해 버렸다. 그들이 만든 티파니앤코의 박스는 청혼을 완성하는 지니의 램프와도 같았다. 그 상자의 청아하고 오묘한 빛깔을 우리는 티파니 블루라고 불렀다. 몇몇 사람들은 자신의 몸에 할리 데이비슨HARLEY-DAVISON 로고를 문신으로 새겨 넣었다. 나이키의 'Just Do It.'은 성공을 위한 주문이 되었다. 지금도 몇백만 원짜리 몽블랑MONTBLANC 만년필과 수천만 원짜리 롤렉스는 불티나게 팔리고 있다. 이들 브랜드는 여전히 성공한 비즈니스맨을 위한 최고의 전리품으로 흠모의 대상이 되고 있다. 이런 브랜드를 만든 수많은 마법사 중에서도 으뜸은 스티브 잡스였다. 그의 키노트는 한 편의 판타지 영화와도 같았다. 이제 그의 이름은 신화가 되었다. 그가 세상을 떠난 지금도 많은 이들이 그를 추억하고, 추모하고, 또 추앙한다. 그러나 이 신화에도 금이 가고 있다. 세상이 좋아진 탓이다. 선택과 구매의 전 과정을 현미경처럼 관찰하고 추적할 수 있는 디지털 마케팅이 일반화되면서부터다. 그날 만난 어느 마케터는 그런 의심의 눈길을 숨기지 않았다.

"매출이 곧 인격이죠. 브랜드가 이런 시대에, 과연 필요할까요?"

정직한 질문이었다. 합리적인 의심이었다. 나는 고개를 끄덕였다. 브랜드 전문지에서 약 7년여간 몸부림치며 답을 찾던 고민이었다. 그때는 신화의 시대였다. 모두들 잡스가 되고 싶어 했다. 모두가 애플 같은 브랜드를 만들고 싶어 했다. 그리고 그러다 망하는 브랜드들을 적잖이 보았다. 많은 시간 혼란을 겪었다. 좋은 물건을 싸게 팔면 그만 아닌가? 누구나 이름만 대도 알만한 종합 쇼핑몰에서 일하고 있는 그의 말에는 의심을 넘어선 확신이 엿보였다. 부질없는 브랜딩에 돈을 쏟아붓지 말라는 준엄한 경고처럼 들렸다. 그러면서 망가진 어느 화장품 브랜드의 이름을 언급했다. 그가 실제로 일했던, 브랜드를 그토록 중요시했던, 그러나 결국 갈대처럼 꺾여 버린 어느 브랜드의 흥망을 생생히 지켜본 결과이기도 했다. 그 많던 브랜드 컨설턴트들은 다 어디로 갔을까? 마법과도 같은 주문을 외우던 애플과 잡스의 추종자들은 다 어디로 갔을까?

TV 광고를 집행하기만 하면 매출이 오르던 시절이 있었다. 일 년에 두 편의 CF만 찍으면 한 해의 마케팅을 끝냈다고 보아도 좋을 그런 호시절이 있었다. 그러나 지금은 세상이 완전히 달라졌다. 지금의 마케터들은 구매의 시작과 끝을 데이터로 확인할 수 있는 디지털 마케팅의 시대를 살아가고 있다. 결과와 숫자로 말해야 하는, 아니 말할 수 있는 시대가 도래했다. 어떤 유형의 소비자가 어느 제품을, 어디에서, 얼마에 구매했는지를 모두 확인할 수 있는 시대다. 더이상 정성 어린 평가로 얼버무릴 수 있는 시대는 완전히 끝났다.

이 시대의 마케터는 오직 그 결과를 숫자로 말해야 한다. 누가 이 제품을 샀는가. 어디서 얼마에 샀는가. 더 많은 매출을 올리려면 어디서, 얼마에 팔아야 하는가. 신화는 사라지고 숫자만 남았다. 더 이상 애플 같은 브랜드는 없는 것처럼 보인다. 그 애플마저 잡스의 시대가 아닌 팀 쿡의 시대가 아니던가. 이른바 콘텐츠의 시대는 가고 퍼포먼서의 시대가 온 것일까. 한 시간여의 인터뷰 동안 단 하나의 주제로만 대화했다. 마케터의 얼굴은 상기되어 있었다. 나는 묵묵히 그 말을 듣고만 있었다. 그러면서 떠올리는 아주 익숙한 질문 하나.

"이 시대에 브랜딩은 꼭 필요한가?"

그가 떠나고 동행했던 다른 마케터와 함께 한동안 침묵을 지켰다. 그는 페이스북으로 마케팅을 시작한 현직 디지털 마케터였다. 그의 회사는 디지털 마케팅으로 20명의 직원을 100여 명으로 확장하며 성장 가도를 달리는 중이었다. 그런 그가 말없이 노트북을 들이밀었다. 거기엔 얼마 전 퇴사한 회사 동료가 운영 중인 웹사이트가 있었다. 그 회사는 이른바 '과잠'으로 불리는 단체복을 판다고 했다. 잘 되고 있다고 했다. 브랜드가 정말로 필요하다고 믿는지 물었다. 그는 확신에 찬 얼굴로 고개를 끄덕였다. 이유는 간단했다. 실체를 보고 있기 때문이었다. '어바우더스about US'가 살아있는 사례라고 했다. 모두가 공장에서 소재와 단가를 가지고 승부하고 있을 때, 이 신생 브랜드는 '브랜딩'을 하고 있었다. '누가, 왜 이런 단체복을 필요로 하는지' 진지한 질문을 던졌다. 함께 입는 옷의 본질을 집요하게 파고들었다. 그늘에 가려진 장인들의 손길을 재조명했다. 합리적인 가격을 제시했다. 사이트의 주문 리스트가 모니터 위에서 끝없이 이어지고 있었다. 문득 지금의 '로우로우' 브랜드를 만든 멤버들이 회사를 찾아왔던 기억이 떠올랐다. 그들은 그때 창업을 준비하는 한 무리의 대학생들이었다. 불과 수년 만에 그들은 이른바 '브랜드'가 되어 돌아왔다. 어바우더스의 이야기를 듣고 다시 질문을 던졌다.

"그럼에도 브랜딩이 필요하다고 감히 말할 수 있는가?"

숫자에 대한 이야기로 돌아가 보자. 세상에는 판매의 시작과 끝을 낱낱이 까발려 주는 똑똑한 프로그램들이 즐비하다. 이제는 마케팅을 원하는 거의 모든 회사가 구글 애널리틱스를 위시한 수많은 프로그램을 통해 매출을 추적한다. 숫자와 결과를 만들어낸다. 일단 생존과 매출을 고민해야 하는 고만고만한 회사들에는 한 줄기 빛과도 같았다. 문제는 모두가 이 도구를 알아 버렸다는 사실이다. 이런 숫자의 세계에서 중요한 것은 네이밍이나 카피나 스토리텔링이 아니다. 오직 가격이다. 그러나 이것은 절반의 진실이다. 이 숫자의 세계는 다시 마법사를 필요로 한다. 왜 사람들은 이 제품을 샀을까? 굳이 이 서비스가 필요했던 이유는 무엇일까? 숫자에 대한 해석이 요구된다.

사람들은 단지 가성비만으로 제품을 구매하지 않는다. 그렇다면 우리 동네의 파리바게뜨가 이번 달에 문을 닫는 불상사(?)는 없었을 것이다. 서울에만 500여 개의 독립 서점이 문을 연 이 사태를 설명할 길이 없다. 사람들이 필요로 하는 것은 좀 더 저렴한 가격의 제품이나 서비스만이 아니다. 자신도 몰랐던 필요와 욕구를 발견해 주는 누군가를 그 어느 때보다도 바라고 있다. 어바우더스는 공장에서 단가를 맞춰 찍혀 나오는 과잠에 의문을 던졌다. '와이즐리wisely'는 '세상의 면도기는 왜 그렇게 비싼가'라는 질문의 답으로 정기 배송 프로그램을 제시했다. 독일의 기술을 강조했다. 나는 이제 더 이상 질레트$_{gillette}$를 쓰지 않는다. 그렇다고 저가의 도루코$_{dorco}$를 쓰지도 않는다. 합리적인 가격과 믿을 수 있는 품질을 기대케 하는 독일의 칼날, 와이즐리를 쓴다.

지금은 혼돈의 시대다. 브랜딩으로 모든 것을 해결하는 마법의 시대는 갔다. 마법사들은 죽었다. 컨설팅으로 인해 성공한 브랜드보다 망한 브랜드가 몇 배는 많을 것이다. 그렇다고 숫자로 모든 것을 해결할 수 있다는 호언장담도 할 수 없다. 우리가 아는 그 트래킹의 기술을 상대 회사도 가지고 있다. 왕홍(网红, 왕뤄훙런网络红人을 줄인 말로, 중국에서 인터넷의 유명 인사를 일컫는다.)의 힘의 기대어 수천억의 매출을 올린 그 화장품을 '브랜드'라고 부를 수 있는가? 그 회사는 과연 몇 년 후에도 같은 매출을 올리며 승승장구할 수 있을까? 무엇보다 그 이름(브랜드)을 기억할 수 있을까?

우리는 스스로 심각한 질문을 던져야 한다. 마법사가 죽어 버린 지금, 퍼포먼스 마케팅이라는 이름의 마술사들이 그 자리를 대신하고 있는 것은 아닌가 하고. 결국 우리는 마법사와 마술사를 한자리에 모아야 한다. 숫자 뒤에 나타난 사람들의 숨겨진 욕망을 읽을 수 있어야 한다. 디지털 마케터는 마법과 마술에 모두 능해야 한다.

나는 '어바우더스'의 창업자들을 직접 만나보기로 했다. 그들이 새롭게 쓰는 작은 신화는 과거의 마법과 어떻게 다르고 또 같은지, 유의미한 매출을 만들어내기 위한 그들만의 마술에는 어떤 것이 있는지를 물어보기 위해서다. 아직 마법의 시대는 끝나지 않았고, 마술의 시대는 이제 막 시작되었다. 우리는 그들의 이야기에 귀를 기울일 의무가 있다. 다른 이유 때문이 아니다. 먹고 살기 위해서다. 매출이 인격이라는 말은 진리다. 그러나 그 진리의 절반을 마법으로 채우는 브랜드들 역시 적지 않음을 직접 보아야 한다.

"사람들이 필요로 하는 것은 좀 더 저렴한 가격의 제품이나 서비스만이 아니다. 자신도 몰랐던 필요와 욕구를 발견해 주는 누군가를 그 어느 때보다도 바라고 있다."

이제
작은 것들의 시대

'비브람Vibram'이라는 회사가 있다. 이탈리아에 본사를 둔 아웃
솔, 그러니까 신발 밑창만을 전문적으로 만드는 브랜드다. 1937년,
창업자 비탈레 브라마니는 특유의 패턴을 가진 아웃솔을 특허 출원
한다. 처음에는 주로 등산화를 위한 고무 아웃솔을 제작했다. 2차 세
계 대전 때 군화용 아웃솔을 제작하며 두각을 나타내더니, 이후 등
산화나 부츠를 상징하는 기본적인 패턴으로 자리 잡았다. 비브람은
내구성이나 기능성에서 손꼽히는 아웃솔 브랜드다. 부츠, 그중에서
도 작업화나 등산화의 아웃솔로 가장 높게 평가되는 브랜드다. 70년
대 이후에는 미국의 아웃도어 붐에 편승해 합성 고무를 사용한 신발
밑창 제조사로 명성을 얻었다. 나이키나 뉴발란스, 아디다스 같은

브랜드도 고급화 전략이 필요한 라인이나 내구성이 필요한 등산화, 트래킹화 라인에는 비브람의 아웃솔을 사용한다. 2010년대 이후에는 자체적으로 독특한 신발들을 제작하고 있다. 발가락이 보이는 신발, '파이브핑거스Five Fingers'가 그 대표적인 제품 중 하나이다.

나는 이 이야기를 부산에 자리 잡은, 40년 된 신발 밑창 부품 회사인 '대야고무' 대표에게서 들었다. 이 회사에서 만든 제품은 신발 관련 회사의 담당자들이 모두 인정할 만큼 높은 평가를 받는다. 이들 역시 고무와 합성 소재로 신발 밑창만을 전문적으로 만들어 왔다. 하지만 지금은 국내 유일의, 합성 소재인 스펀지로 신발 밑창을 제작하는 회사로 남아 있다. 아버지의 업을 이어받아 아들이 회사를 운영한다. 직원은 예닐곱 명 정도, 동대문과 같은 비브랜드 제품의 신발 밑창을 주로 공급한다. 나는 네 번에 걸쳐 무려 10시간 넘게 인터뷰를 했다. 공장의 곳곳을 직접 눈으로 확인하고 소재와 완제품을 만져 보았다. 직접 만난 창업자와 현 대표의 제품에 대한 자부심은 40년 내공만큼이나 대단했다. 하지만 이들은 왜 '비브람' 같은 브랜드가 되지 못한 것일까? 왜 당장의 생존을 걱정해야 하는 이름 없는 회사로 남은 것일까?

나는 문득 한 장에 만 원 이상을 받지 못하는 파전이 떠올랐다. 원료로 보자면 다를 것 없는 피자는 몇만 원 이상을 받는 것이 현실이다. 우리가 이탈리아 사람들보다 못할 것이 무엇인가 싶지만, 현실은 파전과 피자만큼이나 큰 간극이 있다. 왜 우리는 '신발 밑창'을 만들고 그들은 '비브람'이라는 명품 브랜드를 만드는 것일까? 국내에서 고급 구두의 신발 밑창 원가는 1, 2만 원을 넘지 못한다. 하지만 국내에서 비브람으로 교체하려면 10만 원을 호가한다. 나는 이 차이를 이해할 수 없었다. 구찌나 프라다 같은 명품 브랜드를 볼 때는 이런 의문을 가지지 않았다. 하지만 신발 밑창조차도 이렇게 극명한 차이를 보이는 현실은, 이상하게 그 차이를 납득하기 어려웠다. 손재주 하나 만큼은 전 세계에서 인정받는 우리다. 그런데 왜 우리는 '비브람' 같은 브랜드를 만들지 못할까? 왜 여전히 몇 천 원짜리 신발 밑창을 만드는 이름 없는 회사로 남아야만 할까. 40년 간 이어온 전통과 노하우에 대한 제대로 된 평가를 왜 받지 못하는 것일까? 나는 그 이유를 '대야고무'의 현 대표에게 직접 물어 보았다. 짧은 머리의 40대 사장님은 다음과 같은 이야기를 들려주었다.

"일단 시장의 크기가 작아요. 에스콰이어나 엘칸토 같은 브랜드가 무너진 이후에 주로 동대문 같은 시장 브랜드에 납품을 합니다. 이래서는 우리도 살아남는 데 급급할 수밖에 없어요. 그러다 보니 마케팅 능력이 달릴 수밖에 없지요. 게다가 예술적 센스도 떨어지고요. 해외에 내다 팔고 싶어도 말이 통하지 않는 걸 어쩌겠습니까. 하지만 가장 큰 이유는 따로 있어요. 소비자들이 알아주지 않거든요.

가성비만 중시해서 구매를 하니까 우리도 자연히 그에 맞는 제품을 만들 수밖에 없는 것이지요."

　나는 이 대목에서 이 문제가 생각보다 광범위하다는 것을 깨달을 수 있었다. 우리에게 브랜드가 없는 이유는 제조사의 의지 부족 문제가 아니었다. 나이키나 아디다스, 비브람에 열광하면서도 국내 신발 브랜드에는 눈길조차 주지 않는 소비자들이 만든 문화가 이 업의 전반적인 가치를 결정하고 있었다. 우리는 40년 된 장인이 만든 제품의 가치를 인정하지 않는다. 우리에게 브랜드란 무엇일까? 어쩌면 이미 유명해진 몇몇 브랜드를 이유 없이 추종하는 또 하나의 사대주의에 물든 결과는 아닐까? 브랜드의 가치는 제품과 서비스를 만들어내는 제조사와 소비자들과의 관계에서부터 시작된다. 서로의 가치를 인정해 주는 문화가 비로소 좋은 제품을 넘어 명품을 만들어낼 수 있다. '대야고무'와 '비브람'의 차이는 그 가격만큼이나 엄청나지는 않을 것이다. 그러나 '브랜드'의 가치를 바라보는 우리의 시각은 어쩌면 그 가격 이상으로 큰 차이가 있을 것이다. 마치 파전과 피자처럼, 신발 밑창과 비브람처럼 섣불리 넘기 힘든 간극을 인정하지 않을 수 없다.

자본주의에 흔들리지 않는
히든 챔피언

작지만 강한 기업들을 히든 챔피언이라고 부른다. 주로 독일과 일본에 이런 기업이 많다. 이들의 목적은 무분별한 성장이 아니다. 견고한 생존이다. 때로는 의도적으로 성장을 제한하기도 한다. 함부로 확장하지 않는다. 프랜차이즈도 자제한다. 직접 컨트롤할 수 있는 만큼만 일한다. 자본주의 사회에 역행하는 처사가 아닐 수 없다. 대부분의 기업은 로켓이다. 하천을 거슬러 오르는 연어들이다. 하늘을 향해 끊임없이 솟구치지 않으면, 쉴 새 없이 물살을 거슬러 올라가지 않으면, 그 결과는 현상 유지가 아니다. 추락이고 낙오이다. 그것이 자본주의 산업의 당연한 생리인 줄만 알았다. 하지만 꼭 그렇지만은 않았다. 수백 년 동안 젓가락 하나만 만든다. 부채만 만든다. 기술과 장인을 존중하는 문화는 이런 히든 챔피언을 낳았다. 독일과 일본에 이런 기업들이 많은 이유는 결코 우연이 아니다.

대야고무의 생존 역시 결코 쉽지 않았다. 3차에 걸친 석유 파동으로 인해 70명에 이르던 직원이 서너 명으로 줄기도 했다. IMF를 전후해서는 값싼 중국산 신발들이 물밀 듯이 밀려들었다. 나의 질문은 일관되고도 단순했다. 무엇이 이 작은 기업을 40년이나 영속하게 했을까. 결코 좋지 않은 환경임에도 불구하고 왜 이 회사는 2대에 걸처 지속하고 있는 것일까. 굳이 비용을 들여 이러한 과정들을 기록하고 싶어 하는 이들의 숨은 뜻은 무엇일까. 2주에 걸친 인터뷰를 지속하면서 나도 모르게 조금씩 고개를 끄덕이고 있었다. 품질 관리는 기본이었다. 동업자, 직원, 이해 관계자들을 대하는 그들의 자세에서는 감탄이 흘러나왔다. 술, 담배를 전혀 하지 않는 창업자는 인터뷰 당일 동영상 편집 프로그램인 프리미어를 배우고 있었다. 함께 식사한 식당의 사장님과는 몇 년 째 같은 수영장에서 수영을 배우고 있다고 했다. 데일 카네기, 브라이언 트레이시, 스티븐 코비 등의 이야기를 할 때는 눈빛이 반짝였다. 이 모든 것이 40년 장수하는 작은 기업의 기본이 되고 있었다. 그러나 문제는 앞으로의 이야기다. 창업자의 아들과 인터뷰 시간이었다. 나는 집요하게 물었다. 왜 어려운 줄 알면서 굳이 이 일을 가업으로 물려받았는지. 한참을 망설이던 그가 전혀 뜻밖의 대답을 내놓았다.

"재미있으니까요."

지금의 대표는 20년째 이 일을 하는 중이다. 가장 친한 친구와 함께 고등학교를 졸업한 직후 이 일에 뛰어들었다. 지금도 한눈팔지 않고 이 일에 매진하고 있다. 생산 공정을 멈추고 반대를 무릅쓰고 고집스럽게 만든 시제품들이 즐비했다. 마치 아이스크림 매장을 떠올리게 하는 형형색색의 신발들이 벽 하나를 가득 채우고 있었다. 나는 직감했다. 아들은 일의 기쁨, 보람, 만족을 유산으로 물려받았다. 무턱대고 경쟁사를 방문해 최고의 배합을 찾기 위해 기울인 노력의 모든 과정을 아들은 지켜보고 있었다. 명절이면 친척들의 모든 기차표를 예매해 놓는 배려를 온몸으로 습득하고 있었다. 돈만 바라고 할 수 있는 일은 아니었다. 그래서 유일한 회사로 살아남을 수 있었다. 그 유일함이 다시 차별화된 경쟁력으로 선순환되고 있었다. 상대적으로 비싼 가격의 부품인데도 다른 회사들이 찾는 이유는 비단 제품의 품질만은 아닐 것이다. 맡은 일을 즐거워하는 태도, 반 발 앞서 트렌드의 변화를 읽어내는 혜안, 끊임없이 나아지고 변화하려는 본능이 2대에 걸친 이 작은 회사가 지금까지 생존해온 가장 큰 이유였다.

우리는 오랫동안 '최고'만을 추구해왔다. 가장 빠른 무엇이 되고자 했고, 가장 큰 무엇이 되는 데 모든 것을 걸어왔다. 하지만 그 결과 다양성을 잃었다. 모 아니면 도의 삶은 뜻하지 않게 수많은 루저들을 낳았다. 1등이 아니면 아무도 기억하지 않는 냉혹한 시절을 오랫동안 겪어왔다. 하지만 이제는 다르다. 남의 시선을 의식하지 않는 밀레니얼 세대가 등장했다. 우리나라 유튜버 중 가장 먼저 천 만 구독자를 돌파한 제이플라J.Fla는 두 번의 앨범을 낸 기성 가수였다. 하지만 그 앨범이 시장의 사랑을 받지 못하자 타인의 노래를 부른

커버 송의 가수로 스스로를 재해석했다. 그 결과는 부와 명예였다. 이런 '작은 것들의 성공'은 결코 우연이 아니다. 시장이 있기 때문이다. 남다른 것, 독특한 것, 나만의 것을 소비하는 밀레니얼 세대가 등장한 때문이었다. 그러니 이 작은 기업의 이야기에 귀를 기울여 보자. 크고 화려한 것들이 아닌, 작고 소박한 것들의 세상이 도래하고 있다. 이제 그들에게서 지속가능한 생존의 힘을 배울 차례다. 불황은 시작되었고 불같은 성장의 시대는 역사의 뒤안길로 사라진 지 오래다. 이제 작은 것들의 시대다. 그들에게 배울 차례다.

히든 챔피언이 되려면
브랜드가 되어야 한다

히든 챔피언이 되려면 브랜드가 되어야 한다. 첫째, '지속 가능한 경영'을 위해서이다. 어떤 회사의 대표도 1, 2년만 회사를 하다 말 생각으로 사업을 시작하진 않는다. 만일 그렇다면 그는 사기꾼이다. 반대로 수십 년을 이어가기 위해 가장 필요한 것은 무엇일까? 그때 필요한 것이 바로 '브랜드'이다. 가격만으로 시장에서 살아남을 순 없다. 어느 때보다도 상향평준화된 제품과 서비스들이 시장에 즐비한 지금이다. 어떤 산업군에서도 제품의 질과 성능으로 압도적인 시장의 우위를 점하기는 힘들다. 하지만 브랜드는 다르다. 같은 소재, 같은 형태로 만들어도 그 '가치'를 인정받는다. 몇천 원짜리 은반지가 '티파니'가 되는 순간 몇백 배의 가치로 팔려나간다. 버려진 트럭의 방수천이 '프라이탁'이 되는 순간 수십만 원짜리 유일한 나만의 가방이 된다. '대야고무'가 앞으로의 40년을 이어가는 방법은 단 한 가지뿐이다. 바로 브랜드가 되는 것이다.

둘째, '자부심'을 가지고 일하기 위해서다. 부산의 이 조그만 회사의 창업자에겐, 그리고 현재의 대표에게는, 자신의 제품에 대한 엄청난 믿음과 자신감이 있었다. 나는 그것이 비브람과 같은 유명한 브랜드가 될 수 있는 가능성이자 씨앗이라고 보았다. 하지만 이 자부심이 대를 이어가기 위해서는 소비자들의 제대로 된 평가를 받아야만 한다. 제조업자들 사이의 알음알음 인지도만 가지고는 시장의 재평가를 받는 것은 요원한 일이다. 게다가 합성 소재에 고무가 들어간 스펀지 소재로 신발 밑창을 만드는 회사는 '대야고무'가 유일하다. 브랜드가 가진 가장 큰 속성 중 하나가 희소성이다. 그것이 결국 브랜드의 진짜 가치를 결정하게 마련이다. 그런데 왜 대야고무는 신발 밑창에 브랜드를 새길 수 없을까? 왜 주문 생산에만 만족해야 할까? 브랜드가 없기 때문이다. 그들의 자부심을 표현하지 않기 때문이다. 이 회사가 앞으로도 40년을 이어가기 위해서 가장 필요한 것은 다름 아닌 '자부심'이다. 국내 유일의, 세계 최고의 신발 밑창을 만들어내고 있다는 '자신감'이다. 하지만 자부심은 혼자만의 자신감으로 결코 완성되지 않는다. 시장의 인정을 받아야 한다. 소비자의 선택을 얻어야만 한다.

　다행히 시장이 변하고 있다. 개성 넘치는 동네 빵집과 독립 서점이 소비자들의 점점 더 큰 사랑을 받고 있는 중이다. 신발 밑창이라고 불가능할 리 없다. '대야고무'의 창업자에게는 두 명의 자녀가 있다. 아들은 회사를 이어받아 현재 운영하고 있다. 딸은 미국와 이탈리아에서 유학한 후 '구찌'에서 일했다. 이제 이들이 의기투합해 새로운 가능성에 도전하고 있다. 제품의 품질에 대한 자부심에 더해 전문적인 마케터의 손길이 더해지는 중이다. 기대하지 않을 수 없다. 비브람에 대적할만한 아주 작은 브랜드 하나의 탄생이 불가능할 것도 없다. 내가 이 글을 쓰는 이유는 바로 이 이유 때문이다. 아무리 작은 일이라도, 그 일에 평생을 건 사람에게는 그에 걸맞은 대가가 주어져야만 한다. 이제 공은 우리에게도 돌아온다. 제대로 된 제품에 제대로 된 비용을 지불할 수 있는가. 그것이 부산의 아주 작은 공장에서 만들어진 신발 밑창과 같은 대단치 않은 것일지라도. 나는 이 질문에 대한 답이 '브랜드'일 것이라 믿는다. '작은 것들의 시대'를 열어젖힐 것이라 확신한다.

"'작은 것들의 성공'은 결코 우연이 아니다. 시장이 있기 때문이다. 남다른 것, 독특한 것, 나만의 것을 소비하는 밀레니얼 세대가 등장한 때문이었다. 그러니 이 작은 기업의 이야기에 귀를 기울여 보자. 크고 화려한 것들이 아닌, 작고 소박한 것들의 세상이 도래하고 있다. 이제 그들에게서 지속가능한 생존의 힘을 배울 차례다."

Part 2

컨셉,

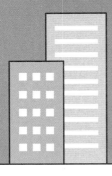

보이지 않는 가치를
보이게 하라

SMALL BRAND

잊혀진 시장의 개척자, 어바우더스

우리 동네 파리바게뜨가 이번 달 문을 닫는다. 아주 가끔 찾던 곳이라 특별한 아쉬움은 없었다. 다만 얼마 전 들었던 뉴스 하나가 떠올라 묘한 기분이 들었다. 서울 지역에만 독립 서점이 500여 군데에 달한다는 이야기였다. 그렇다면 동네 빵집은 또 얼마나 늘었을까? 뉴스에 소개된 맛집 중 빵집이 적지 않았다.

변화는 이뿐만이 아니다. 전국의 예식장이 하나둘씩 문을 닫고 있다. 사람들은 더 이상 결혼하지 않는다. 심지어 혼수라는 문화까지 사라졌다. 결혼을 해도 쓰던 가재도구를 챙겨와 살림을 합칠 뿐이다. 혼밥, 혼술족에 관한 이야기는 귀가 아프도록 들었다. 관련된 산업들에 영향이 가지 않을 수 없다.

시대가 변하고 있다. 트렌드가 달라지고 있다. 대단한 촉이 아니어도 느낄 수 있는 변화다. 개성과 취향이 더없이 중요한, 시대의 가치가 되고 있다. 다양성에 대한 존중은 거대한 물결이다. 트레바리 Trevari와 같은 취미에 기반한 살롱 문화의 부흥은 이와 같은 변화의 수혜를 입고 있는 대표적인 사례다. 그래서 던지는 한 가지 질문, 우리나라엔 과연 얼마나 많은 동호회가 활동하고 있을까? 1,500명 제한의 단톡방 수는 과연 얼마나 될까?

"우리나라에 이렇게 많은 동호회가 있다는 사실을 처음 알았어요. 하루는 트로트 가수의 팬카페에서 연락이 왔어요. 단체복을 맞추고 싶다고요. 이 일을 하지 않았다면 결코 몰랐을 동호회였죠."

프로 발품러,
과잠 시장에 발을 딛다

금요일 오후, 뚝섬역 인근 공유 오피스 패스트파이브에서 검은 셔츠를 입은 두 사람을 만났다. 이들은 사업을 한다. 멋지고 세련된 IT 스타트업이 드물지 않은 시대에 제조업을 하는 이들이다. 사업 아이템은 단체복. 이름만 들어도 올드한 이미지가 물씬 풍긴다. 하지만 이들은 이 올드한 사업에 뛰어들어 창업 1년 만에 10억의 매출을 올리고 있다. 작년 대비 두 배 성장했다. 아직까진 한 푼의 투자도 받지 않았다.

이들의 첫 시작은 대학생을 상대로 한 '과잠(학과의 점퍼)' 시장이었다. 대학교의 학과나 동호회를 직접 찾아가 단체복 주문을 받았다. 자본이 없으니 발품을 팔아야 했다. 스스로를 프로 발품러라 이름 붙였다. 로우로우, 맨솔Mansole, 삼분의일 등 스타트업을 벤치마킹해 스토리를 만들었다. 왜 자신들이 만든 단체복이 더 좋은 선택인지를 직접 발로 뛰어가며 웅변하는 시간이었다. 단체복은 고객이 제품을 구입하는 과정에 시간과 노력을 많이 들이는 고관여 제품이다. 고객의 주문 후 완성, 출고까지 3, 4주가 걸린다. 다양한 구성원의 요구를 반영하고, 정확한 납기에 맞추어 출고할 수 있어야 한다.

이 시장은 그동안 제조사들로부터 외면 받던 시장이었다. 봉제공장을 찾아가 단가에 맞춰 제작하는 경우가 일반적이었다. 그런데 20대의 두 창업 멤버가 누구보다도 깔끔한 모습으로 찾아가 제안서를 보여주고 PT를 했다. 소비자들의 마음이 조금씩 움직였다. 이들 회사의 이름은 '어바우더스about US'다.

"좋아하는 일이 아니라 잘하는 일을 해야 한다고 생각했어요. 단체복을 생산하고 납품하는 꼼꼼한 과정을 잘 할 수 있어서 시작했습니다. 솔직히 돈 되는 일을 하고 싶었어요. 하지만 폼나는 창업보다는 잘하는 일에 승부를 걸고 싶었습니다. 자본이 없으니 발품을 팔아야 했죠. 고객들의 신뢰를 얻는 일이 무엇보다 중요했고요."

모두가 떠나는 시장, 아무도 매력을 느끼지 않는 산업이었다. 마치 버려진 집들이 즐비한 시골 마을로 귀농한 것과 다를 바 없는 선택이었다. 하지만 이들은 곧 깨달을 수 있었다. 시대의 변화에 따라 오히려 무궁무진한 가능성을 지닌 시장이라는 사실을.

단체복이 고관여 제품인 이유가 있다. '과잠'은 상징이다. 그 학과의 정체성이다. 자랑스러운 자기표현의 도구다. 개성과 취향의 시대에 개인들은 자기표현에 까다로울 수밖에 없다. 하다못해 노트북 앞면조차 자신의 아이덴티티를 표현하는 스티커로 가득 채우는 시대다. 타투는 하지 못해도 해나는 하고 싶은 그 숨은 욕구는 무어라 설명할 수 있을까? 자본의 부족으로, 숨은 시장에 어렵사리 뛰어든 이들이 발을 디딘 곳에서 뜻밖의 가능성을 보았다.

가파른 성장에는 이유가 있었다. 이들은 최근 공장을 인수했다. 사업의 확장인가 싶은 생각이 들 무렵 뜻밖의 답이 나왔다. 어바우더스의 창업자는 이렇게 말했다.

"공장을 인수한 건 사업 확장을 위해서가 아니었습니다. 더 큰 신뢰를 얻기 위한 도전이었어요. 단체복 시장은 의외로 고관여 시장입니다. 원단이나 프린팅 등에 신경 쓰지 않으면 곧바로 클레임이 들어오기 때문이죠. 저마다의 개성과 취향이 모두 다른 학과나 동호회의 성격상 당연한 일이라고 생각해요. 그래서 사무실과 공장을 가까운 곳에 두기 위해 투자했습니다."

자기표현의 시장에서
신뢰를 외치다

어바우더스는 꼼꼼한 검수를 통해 더 큰 신뢰를 얻을 수 있었다. 고객들이 찾아오는 경우엔 사무실 바로 옆에 있는 공장에 꼭 데려가곤 했다. 따로 피팅 모델을 쓰는 대신 공장의 작업 현장을 영상으로 찍은 이유도 바로 이 때문이었다. 이런 스토리를 페이스북의 10만 원짜리 광고에 담았다. 자신들만의 개성 넘치는 단체복을 맞추고 싶은 젊은이들의 취향에 세밀하게 반응하기 위해서였다. 이런 노력은 고스란히 매출의 증가로 이어졌다. 단가를 낮추고 사업의 규모를 늘릴 기회가 온 것이다. 하지만 그들의 선택은 이번에도 달랐다.

제품의 단가를 낮추기보다 제품의 고급화에 더욱더 큰 투자가 이어지고 있다. 이들의 입에선 뜻밖에도 '장인정신'이란 말을 자주

들을 수 있었다. 단추를 숨기는 히든 스냅이란 용어를 말할 때는 되물어야만 했다. 만일 내가 고객의 입장이라면 이들의 화려하지 않은 언변과 기술에 대한 집요함에 마음이 갔을 것 같았다. 정장 차림에 단정한 헤어 스타일, 옷에 맞춘 검은 테의 안경까지. 누가 봐도 공장에 외주를 줄 법한 장사꾼(?)의 이미지는 찾아볼 수 없었다. 게다가 20대의 젊음이 주는 훈훈함까지. 단체복 시장을 이렇게 해석할 수 있다는 사실이 흥미롭기까지 했다.

"우리나라 봉제 시장은 몰락한 지 오래되었어요. 단체복과 같은 제품들은 모두 베트남의 공장에서 외주로 생산되고 있죠. 하지만 단체복은 납기가 생명이에요. 해외에 있는 공장에서는 3, 4주의 소량 주문에 대한 납기를 결코 맞출 수 없어요. 그들과 달리 다양한 주문에도 납기를 맞출 수 있다는 것, 그것이 지금 우리가 가진 가장 큰 경쟁력이라고 생각합니다."

과연 이들의 미래는 어떤 모습일까? 과연 5년, 10년 후에도 지금과 같은 성장 가도를 달릴 수 있을까? 응원하고 싶었다. 버려진 황무지를 일구는 농부의 모습을 보는 것 같다. 하지만 정장을 입은 세련된 농부들이다. 고부가 가치의 트렌디한 작물을 재배하는 농부들이다. 내가 보기에 이들의 시장은 무한대로 확장할 수 있을 것 같았다.

'자기표현'의 시장이기 때문이다.

트로트 가수의 팬클럽이 성황을 이루는 시대다. 강남역의 어느 카페는 아이돌 그룹의 팬카페가 진행하는 팬 사인회와 전시회로 대부분을 매출의 올리고 있다고 들었다. 지인 한 사람은 살사 춤에 빠져 인생의 가장 행복한 순간을 보내고 있다고 고백했다. 나 역시 수백 명의 멤버들이 함께하는 스몰 스텝이라는 단톡방을 1년 이상 운영해 오고 있다. 단체복에 대한 필요는 일찍부터 있었다. 자신이 속한 단체와 동호회를 자랑스럽게 알리고 싶은 사람들. 이 시장이 커질 수밖에 없다고 믿는 생생한 증거들이다. 그러니 주목해야 한다. 화려한 욕심을 버리고 시장의 황무지에 뛰어든 이들의 선택을. 늦은 감이 있었지만 이들이 만든 브랜드의 이름에 관해 물었다.

"우리가 어떤 일을 하는지 소개한다는 의미를 담았습니다. 하지만 또 다른 의미도 있어요. 어느 회사나 단체의 홈페이지를 가도 'about us'란 메뉴가 있지 않나요? 자신들을 알리고 소개한다는 의미에서 딴인 네이밍이다 싶었습니다. 그게 우리가 만드는 제품이 가진 가치의 본질이기 때문이죠. 사람들이 가진 자기표현의 욕구에 충실할 수 있다면, 앞으로 우리는 어떤 일이라도 할 수 있다고 생각합니다. 그런 게 바로 진짜 '브랜딩'이 아닐까요?"

"어바우더스는 꼼꼼한 검수를 통해 더 큰 신뢰를 얻을 수 있었다. 고객들이 찾아오는 경우엔 사무실 바로 옆에 있는 공장에 꼭 데려가곤 했다. 따로 피팅 모델을 쓰는 대신 공장의 작업 현장을 영상으로 찍은 이유도 바로 이 때문이었다."

포스트잇 4,000장, 골목 우동 가게

이야기의 전개가 이상했다. 여느 맛집을 탐방하는 프로그램과 많이 달랐다. 당황한 PD의 카메라가 살짝 흔들렸다. 주인아주머니가 만 김밥은 옆구리가 터졌다. 주메뉴인 우동 맛의 비결을 물어보니 다시마 4장이라고 했다. 뭐가 더 있겠지 기대하는 카메라 옆에서 주인의 아들은 육수의 염도를 체크하고 있었다. 이유를 물어보니 주인아주머니가 끓이는 우동의 맛이 늘 달라서라고 했다. 그런데도 우동 가게 안은 손님들로 바글바글했다. 10년 된 단골은 명함도 내밀지 못했다. 20년 이상 된 단골들이 즐비했기 때문이다. 자연스럽게, 당연하게도 다음과 같은 질문이 뒤를 따랐다. 우동이나 김밥의 맛 때문이 아니라면, 대체 무엇 때문에 유명한 가게가 될 수 있었던 것일까? 어째서 저렇게 많은 단골이 이 가게를 반복해서 찾는 것일까?

골목 우동 맛집의
숨겨진 비밀

충주에 위치한 이 우동 가게는 새벽 늦게야 손님들이 몰리기 시작한다. 근처 유흥가에서 1, 2차를 마친 손님들이 속풀이를 위해 찾는 곳이기 때문이다. 자연스럽게 사연 많은 사람이 가게를 찾았다. 다른 가게와 다른 점은 주인아주머니가 손님들의 이야기를 '들어 준다'는 것이다. 손님들이 화답한다. 그 시간에 술을 마시는 많은 이들에게는 '사연'이란 게 있기 마련이었다. 주인아주머니는 몇 시간이고 그들의 이야기를 들어 주었다. 수십 년 동안 변함없었다. 그리고 그 대화가 끝날 무렵 아주머니는 종이 한 장을 내밀었다. 손님 자신의 이야기를 짧은 글로 남기게 한 것이다. 이름과 사인으로 마무리된 이 종이는 그 손님이 앉은 자리 근처에 본드로 붙여졌다. 언제라도 다시 찾아와 그 사연을 읽을 수 있도록. 그리고 그 종이들은 하루가 다르게 가게 벽을 채우기 시작했다. 나중엔 천장에 붙였다. 그래도 자리가 없자 이중으로 붙였다. 해당 프로그램이 방영되던 시점에는 4,000여 장의 종이가 붙어 있었다.

그 많은 종이의 숫자를 다 헤아린 PD의 얼굴에선 땀이 흘렀다. 그제야 수십 년 된 단골들이 이 우동 가게를 찾는 이유를 이해할 수 있었다. 누구도 귀 기울이지 않는 손님들의 이야기를 주인아주머니는 들어 주고 있었다. 우동의 맛은 염도의 차이에 있지 않았다. 손님들과 '교감'의 크기에 달려 있었다. 김밥은 옆구리가 조금 터져도 괜찮을 것 같았다. 이런 소통만 가능하다면 말이다. 노랗게 색이 바랜 종이들이 이 집의 존재 이유를 웅변하고 있었다. 4,000여 명의 사람들이 각각 다른 4,000여 개의 사연을 이 우동 가게에 남기고 갔다. 그들의 이야기 하나하나가 쌓이고 쌓여 이 집을 '브랜딩'하고 있었다. 4,000여 개의 스토리를 만날 수 있는 우동 가게는 대한민국에, 아니 전 세계에 다시 없을 것이다.

우동이 아닌
'공감'을 파는 가게

모든 장사가 끝난 뒤 아주머니는 집으로 돌아가 노트를 폈다. 아주머니의 이름은 '순희'였다. 그녀는 매일 소설을 쓴다고 했다. 그제야 이미 몇 권의 책을 써낸 저자임을 알 수 있었다. 결혼하자마자 노름으로 재산을 날린 남편 때문에 시작한 우동 가게였다. 곱디곱게

부잣집에서 자란 아주머니는 그렇게 오랫동안 사연 많은 우동 가게를 운영해 왔다. 어쩌면 주인아주머니에게 그런 사연이 있었기에 손님들의 이야기를 들어줄 수 있었던 것은 아닐까. 내 얘기 같아서, 남의 일 같지 않아서, 고개를 끄덕이며 그들의 이야기에 귀를 기울일 수 있었던 것은 아닐까.

다른 누군가가 맛으로 승부를 걸고 있을 때, 인테리어에 힘을 쏟고 있을 때, 뻔한 스토리로 고민하고 있을 때, 이 우동 가게의 아주머니는 김밥 옆구리를 슬쩍 터뜨리고, 다시마 4장으로 우동의 맛을 우려 가면서, 자신의 가게에 스토리를 덧입히고 있었다. 그것이 스토리텔링이자, 브랜딩의 한 방법이라는 사실을 까맣게 모른 채 말이다.

이 우동 가게의 가치를 한 마디로 뭐라 말할 수 있을까? 한 마디로 '교감'이라고 말할 수 있지 않을까? 한 단어로만 존재할 때는 한없이 흔하고 추상적인 '교감'이 이야기를 만나 사람들에게 전해질 때 비로소 '브랜딩'이 가능해진다. 이 우동 가게의 아이덴티티는 '4,000장의 사연'이라는 선명한 이미지로 뇌리에 새겨진다. 쉽게 이해되고 전달된다.

'컨셉'은 아름답게 디자인된 BI나 CI와 같은 값비싼 포장재가 아니다. 자신의 제품과 서비스를 찾는 고객들에게 전달하고자 하는 선명한 메시지다. 그 제품이나 서비스를 꿰뚫을 수 있는 선명한 그림이다. 한 번은 지인 중 하나가 내 이야기를 듣고 직접 그 가게를 찾아간 적이 있었다. 그는 가게를 다녀온 후 엄지손가락을 치켜들었다. 우동이 정말 맛있다고 했다. 하지만 나는 알고 있었다. 그 우동 맛의 8할은 내가 전해준 이야기 때문이란 것을. 그의 뇌리에 선명히 새겨진 감동어린 '교감'의 메시지 때문이란 것을.

컨셉이란 차별화된 가치를 담는 그릇이다. 본질에 기반한 가치가 컨셉을 만나 비로소 소비자들에게 선명하게 전달된다. 사람들은 록시땅L'OCCITANE에서 프로방스 지방의 풍요로운 자연을 떠올린다. 이니스프리innisfree는 제주의 청정함을 연상시킨다. 자연주의란 말은 누구나 쓸 수 있다. 하지만 프로방스와 제주의 이미지는 다른 브랜드가 카피하기 어렵다.

세상에 우동 가게는 많다. 그러나 4,000장의 스토리를 떠올릴 수 있는 우동 가게는 세상에 없다. '교감'이라는 추상적인 메시지는 비로소 순희라는 친근한 이름의 아주머니와 누렇게 변색한 '사연'들이 하나로 어우러져 '브랜드'가 되었다. 충주시의 골목 깊숙한 곳에 자리 잡은 이 가게는 우동을 팔고 있었다. 하지만 실제로는 '교감'을 전하고 있었다. 그래서 나는 이 글을 읽는 당신에게 묻고 싶다. 당신은 지금 무엇을 팔고 있는가. 제품 이상의 무엇을 고객들에게 전달하고 있는가?

"주인아주머니는 몇 시간이고 그들의 이야기를 들어 주었다. 수십 년 동안 변함없었다. 그리고 그 대화가 끝날 무렵 아주머니는 종이 한 장을 내밀었다. 자신이 이야기를 짧은 글로 남기게 한 것이다. 이름과 사인으로 마무리된 이 종이는 그 손님이 앉은 자리 근처에 본드로 붙여졌다. 언제라도 다시 찾아와 그 사연을 읽을 수 있도록."

양심

진 짜 참 기 름 을 파 는 또 한 가 지 방 법 , 정 준 호 기 름

　　그는 참기름을 팔았다. 17년 이상 전통 기름을 만들어 온 탓에 로스팅과 착유 기술에 자신 있었다. 무엇보다 '진짜' 참기름을 짠다는 자부심이 있었다. 이 브랜드의 이름은 '정준호기름'이다. 사실 시중에서 판매되는 대부분의 참기름은 통참깨가 아닌 참깨 분말로 만들어진다. 분말 형태의 참깨는 더 쉽게 많이 짜낼 수 있기 때문이다. 문제는 이 과정에서 '벤조피렌'이란 1급 발암 물질이 만들어진다는 것. 게다가 기름을 짜는 과정에서 만들어지는 깻묵은 수거 업자에 의해 가짜 참기름 회사로 흘러 들어가기도 한다. 이런 사정을 아는 그는 통참깨로 만든 건강하고 안심할 수 있는 참기름을 만들고 싶었다. 그러나 시장은 냉정했다. 이름 모를 작은 회사가 만든 그의 제품

을 알아주는 사람은 없었다. 미수금은 늘어나고 원료를 구입할 돈은 없었다. 기계가 노는 시간이 점점 늘었다. 극단적인 생각까지 하던 어느 날이었다. 평소 자신을 몹시 따르던 아이들에게 '아빠의 어디가 그렇게 좋으냐'고 무심코 물었다. 남매인 두 아이가 동시에 이렇게 말했다.

"아빠는 양심이 있잖아요."

그는 머리를 한 대 맞은 것 같았다. 그렇다. 그가 만들고 있는 것은 단순한 '참기름'이 아니었다. '양심'을 만들고 있는 셈이었다. 그는 이제껏 자신이 만든 것보다 더 좋은 기름을 만나 본 적이 없었다. 수입 참깨 분말이나 식용유를 섞은 가짜 참기름과는 비교도 할 수 없는 '진짜' 참기름을 자신의 '양심'을 걸고 만들고 있었다. 그는 이런 자신의 생각과 스토리를 담아 '와디즈'라는 사이트를 통해 펀딩을 결심했다. 500만 원이라는 소박한 금액이었지만 당시엔 너무나도 절실한 자금이었다. 문제는 이런 '남다른' 이야기를 어떻게 전달할 것인가였다. 아이들도 인정하는 자신의 '양심'을 어떻게 하면 소비자들에게 제대로 보여줄 수 있을까. 결국 그는 그 답을 찾았다. 바로 '깻묵(참깨박)'이었다.

참기름에 더해진
'깻묵'의 비밀

그는 펀딩 리워드 제품에 기름을 짜고 남은 깻묵을 함께 포장했다. 깻묵으로 만들 수 있는 다양한 요리법도 함께 동봉했다. 전문가라면 이 깻묵만으로도 원산지를 확인할 수 있다고 한다. 펀딩은 성공적이었다. 그러나 이야기는 여기서 그치지 않는다. 펀딩 회사의 대표는 펀딩에 성공한 수많은 브랜드 중에서도 '정준호기름'의 사례를 인터뷰에서 빼놓지 않고 언급했다. 비록 사업 규모는 작지만 진정성 넘치는 스토리가 매력적이었기 때문일 것이다. 작지만 강력한 브랜드였다.

많은 이들이 브랜드를 어렵게 생각한다. 엄청난 자본과 대단한 지식이 필요할 것이라고 지레짐작한다. 규모가 작은 회사일수록 브랜드를 사치, 혹은 포장으로 여긴다. 당장의 매출에 대한 압박과 생존에 대한 염려가 단기적인 프로모션이나 이벤트, 마케팅 방법을 골몰하게 한다. 그러나 '정준호기름'은 그 단점이 오히려 장점이 되었다. 생존에 대한 절박함이 자신이 가진 '양심'이라는 가치를 선명하게 만들었다. 그는 정직하고 고집스럽게 일하고자 하는 자신의 '보이지 않는' 가치를 '보이는' 제품으로 전달하는 방법을 찾아냈다. 그에겐 브랜드 아이덴티티나 컨셉 따위에 골몰할 시간적인 여유도, 지식도 없었다. 그러나 본능적으로 업의 '본질'에 집중했고 펀딩 사이트의 스토리를 통해 자신의 이야기를 고객들에게 '전달'했다. 그는 '보이지 않는' 가치를 '보이게' 만드는 데 성공한 것이다.

어떤 프로그램 회사의 대표를 만났다. 그는 회사의 가장 중요한 가치가 '정직'이라고 말했다. 모호하게 들렸다. 확인할 길이 없었다. 그러자 그는 다음과 같은 이야기를 들려주었다. 그 회사는 국내의 유명한 음원 회사에 두 개의 프로그램을 납품하고 있었다. 그러나 확인 결과 하나의 프로그램은 전혀 사용되지 않는다는 사실을 알게 되었다. 마침 담당자가 바뀌고 새로운 계약을 갱신하는 날이 왔다. 계약은 무난히 연장되었다. 그냥 아무 말도 하지 않으면 적지 않은 연 매출이 약속되는 순간이었다.

대표는 이 계약을 그냥 넘길 수 없었다. 스스로에게 한 '정직'이라는 약속을 어기는 것을 용납할 수 없었기 때문이다. 마침 자금 사정이 극도로 나쁠 때였다. 그러나 그는 솔직하게 말했다. 당연하게도 그 프로그램의 계약은 없던 일이 되었다. 후회하지 않았다면 거짓말이었다. 하지만 몇 달 후 그 회사의 대표로부터 연락이 왔다. 훨씬 더 큰 계약을 맡기고 싶다는 제안이었다. 이유를 물어보니 직원들의 강력한 추천이 있었다고 했다.

더 놀라운 일은 그 대표의 회사 내에서 일어났다. 대표의 결정을 의아해하던 직원들이 '정직'이라는 회사의 가치를 선명하게 이해하게 된 것이다. 이 프로그램 회사는 십수 년이 지난 지금까지도 자신의 속도로 성장을 계속하고 있다. 나는 '정직'이라는 가치를 그때만큼 선명하게 깨달은 적이 없었다. 이 회사에 대한 신뢰가 확신으로 바뀌었음은 당연한 결과였다.

그들은 상품이 아닌 '양심'을 판다

본질에 기반한 '가치'는 눈에 보여야 한다. 수많은 경쟁 제품들의 틈바구니에서 선택받을 만한 선명한 이유를 제시할 수 있어야 한다. 저성장, 고불황이 고착화된 이 시대의 소비자들은 오히려 자신의 개성과 취향을 맘껏 드러낼 수 있는 '작지만 독특한' 제품과 서비스를 애타게 찾아다니고 있다. 이들은 인스타그램에 사진 한 장만 올릴 수 있다면 기꺼이 골목 깊숙이 숨은 이름 없는 가게도 찾아올 수 있는 고객들이다. 문제는 이 고객들을 이끌 수 있는 '개성과 가치'의 여부다. 그 가치를 선명하게 '전달'할 수 있는가의 문제다. 자신만의 차별화된 그 가치를 '컨셉'을 담은 '스토리', '비주얼'로 보여줄 수 있는가의 고민이 필요한 이유다.

그러니 이제 스스로 이렇게 물어보자. 내 주변의 사람들도 인정할 만한 우리 브랜드의 차별화된 가치는 무엇인가. 그리고 그것을 어떻게, 눈에 보이는 무엇으로 만들어 전달할 것인가. 정답은 없다. 창업자 수만큼이나 다양하다. 브랜딩은 이 답을 찾아가는 과정과 다름없다.

정준호기름은 그 답을 '깻묵'에서 찾았다. 비로소 '양심'이란 메시지가 선명해졌다. 그것은 참기름을 대하는 창업자의 자세 즉, 본질과 연결되었다. 이렇게 만들어진 브랜드는 강력할 수밖에 없다. 참고로 수년이 지난 지금, 다시 찾아본 '정준호기름'은 대형마트에 입점했음은 물론 최근에는 홈쇼핑에서 완판 기록을 세웠다고 한다. 미쉐린 가이드에 오른 비빔밥집 '목멱산방'에서 사용하는 참기름이기도 하다. 그의 '양심'은 여전히 절찬 판매되고 있다.

"'아빠는 양심이 있잖아요.' 아이들도 인정하는 자신의 양심을 어떻게 하면 소비자들에게 제대로 보여줄 수 있을까. 결국 그는 그 답을 찾았다. 바로 '깻묵(참깨박)'이었다. 전문가라면 이 깻묵만으로도 원산지를 확인할 수 있다고 한다."

놀이동산 같은 주유소, 백산 주유소

1993년, 그는 아버지로부터 전화 한 통을 받는다. 23년째 주유소를 운영하시던 아버지였다. 그런 아버지로부터 주유소 운영을 제안받은 것이다. 새벽 6시 출근, 밤 11시 퇴근의 삶이 시작되는 순간이었다. 하루 20시간의 중노동이었다. 하지만 곧, 더 큰 고난이 찾아왔다. 주유소 간 거리를 200m로 제한하는 규정이 풀린 것이다. 가격마저 정부 고시가에서 주유소가 가격을 정하는 연동가로 제도 자체가 바뀌어 버렸다. 그의 주유소 주변에 10개가 넘는 새 주유소가 우후죽순 생겨났다. 치열한 경쟁 속에서 그의 고민은 깊어갔다. 그때였다. 어느 패밀리 레스토랑 업체가 프랜차이즈 식당 운영을 제안해 왔다. 솔깃한 제안이었다. 마음을 굳힐 찰나, 문득 그에게 이런 질문

하나가 떠올랐다.

'아이들이 커서 왜 그때 직종을 바꿨냐고 물어보면 뭐라고 대답하지?'

이유가 명확하지 않았다. 편하게 돈 버는 삶 이상의 이유를 찾을 수 없었다. 최선을 다했는지 확신할 수 없었다. 언젠가 한 번은 후회할 것만 같았다.

그때부터였다. 그는 서울 강남과 경기도 성남의 소위 '잘 나가는' 주유소를 찾아가 꼼꼼히 확인하기 시작했다. 성공한 사업가들의 마케팅 관련 서적을 읽으며 고객들에게 전달할 '가치'가 무엇인지를 고민하기 시작했다. 2004년 초의 일이었다. 절박감에 쫓기던 그는 결국 중요한 건 '실천'이라는 결론에 다다랐다.

고객 화장실 변기부터 청소하기 시작했다. 막상 열심히 청소하니 도저히 지워지지 않을 거라 생각했던 찌든 때가 말끔히 닦였다. 그는 생각했다. 뭔가를 시작하면 결국 달라지는구나. 그제야 주유소 사무실이며 세차장 등 청소할 곳들이 눈에 들어오기 시작했다. 이윽고 주유소가 조금씩 달라지기 시작했다.

브랜딩,
아주 작고 사소한 것에서부터

그다음 그가 생각해낸 것은 다름 아닌 '인사'였다. 백산 주유소만의 가치를 전달할 수 있는 가장 좋은 방법이 바로 인사라고 생각한 것이다. '에버랜드' 안내 도우미의 인사법을 벤치마킹했다. 직원들의 유니폼을 깔끔하게 새로 맞췄고, 고객들에게 밝은 표정으로 크게 인사하기 시작했다. 고객이 주유소에 들어와서 나갈 때까지 총 4번의 경쾌한 인사를 받을 수 있도록 '표준 인사법'을 만들었다. 단순히 기름을 채우고 떠나는 곳이 아닌, 행복을 함께 느낄 수 있는 것이 백산 주유소가 전할 수 있는 가장 큰 '가치'라고 생각했기 때문이었다.

하지만 뜻밖의 곳에서 또 다른 어려움이 찾아왔다. 함께 일하던 아르바이트생이 고객의 신용카드를 불법으로 복제한 '사고'가 터진 것이다. 항의 전화를 받고 사후 처리를 하던 그는 이런 생각이 들었다. 왜 직원이 이런 사고를 저지른 것일까. 어쩌면 아무런 소속감 없이 일만 하고 가면 된다는 생각에서 비롯한 사고는 아니었을까. 그는 용기 있는 결정을 한다. 전 직원을 정직원으로 고용했다.

2005년, 그는 11명의 아르바이트생을 전원 정규직으로 채용했다. 퇴직금과 4대 보험은 물론 평균 급여도 30만 원 이상씩 인상했다. 그때부터였다. 직원들이 시키지 않은 일들을 자발적으로 하기 시작했다. 인근 주유소보다 리터당 100원이 비싼데도 고객들은 백산 주유소를 다시 찾았다. 주변의 경쟁 주유소 두 곳은 결국 문을 닫았다. 이후 백산 주유소는 한국서비스품질지수KS-SQI가 선정한 '인사를 파는 주유소' 우수사례로 소개되었다. 한국능률협회컨설팅 KMAC가 주관한 '2015 고객중심 경영혁신컨퍼런스' 서비스 부문에 선정되기도 했다. 하지만 가장 주목할 만한 결과는 숫자가 말해 주었다. 주유소의 평균 영업 이익률이 4%에 달했다. 전국 주유소 평균 이익률이 1% 미만인 것에 비하면 놀라운 결과였다.

당신이 일하는 방식은
남들과 어떻게 다른가

주변에 흔하디흔한 곳이 주유소이다. 가격만 저렴하면 됐지 주유소에 더 바랄 것이 무어냐는 사람들도 적지 않을 것이다. 하지만 모든 고객이 같은 생각을 하는 것은 아닌가 보다. 어떤 고객들은 주유소에서 기름 그 이상의 '무엇'을 기대했다. 기름을 넣는 그 시간만큼은 기분 좋은, 행복감을 누릴 수 있기를 바라는 사람도 있다. 백산 주유소는 알고 있었다. 그들이 줄 수 있는 가치가 고객의 행복감에 있음을. 그래서 화장실 변기 청소부터 시작한 것이다. 이러한 작은 변화는 고객 행복의 원천이자 근원인 '직원 행복'에 대한 고민으로 이어졌고, 결국 그들 모두가 주인 의식을 가지고 일할 수 있는 정규직 전환이라는 모험으로 이어졌다.

백산 주유소는 '기름'을 파는 곳이다. 그것이 본질이다. 그러나 기름만을 팔지 않는다. 기름을 넣는 그 짧은 시간에 '행복'을 판다. 비로소 보통의 주유소와 달라지기 시작한다. 그것이 전해지는 방식은 직원들의 밝은 '인사'이다. 그들이 입은 '유니폼'이다. 놀이공원을 연상시키는 그들만의 '컨셉'이 선명하게 전해진다. 우울한 놀이공원은 없다. 그곳에서만큼은 행복해야 한다고 우리 모두가 믿는다. 백산 주유소는 그 행복감을 고스란히 '주유소'로 옮겨 놓았다. 그들은 '행복하세요'라고 말만 하지 않았다. 그것을 직접 눈으로 보여주었다.

'고객의 가치를 먼저 생각한다'는 그들의 가치, 도저히 그 가치가 뭔지 알 수 없는 경우가 너무 많았다. 그러나 백산 주유소에 가면 '행복'할 수 있을 것 같다. 차에 기름을 넣는 그 짧은 시간에 말이다. 그 행복감은 결국 사람들이 '놀이공원'을 떠올릴 수 있을 때 비로소 가능해졌다. 백산 주유소는 그렇게 컨셉이 선명한 주유소로 사랑받을 수 있었다. 그들이 업의 본질을 다시 재정의했기 때문에 비로소 가능한 일이었다.

"기름을 넣는 그 시간만큼은 기분 좋은, 행복감을 누릴 수 있기를 바라는 사람도 있다. 백산 주유소는 알고 있었다. 그들이 줄 수 있는 가치가 고객의 행복감에 있음을."

아 침 의 꽃 배 달 부 , **블루밍아워**

독서 모임을 통해 플로리스트 한 분을 만났다. 모임이 한창이던 때, 그는 단톡방을 통해 종종 '꽃모닝'이라는 이름으로 꽃 사진을 보내오곤 했었다. 평소 꽃에 대해서는 별 관심이 없던 나였지만 매일 보내오는 사진들이 싫지 않았다. 아침나절의 상쾌한 산책과 견줄 만했다. 한없이 화려하고 이름도 어려운 서양의 꽃도 있었고, 길가에서 한 번쯤은 보았을 법한 수수한 꽃도 있었다. 때로는 꽃이 핀 야외의 풍경 사진을, 가끔은 배경과 어우러진 꽃 사진을 보내기도 했다. 언젠가는 꽃꽂이 사진을 보내기도 했다. 나는 조금씩 꽃들의 이야기에 매료되기 시작했다. 직접 그를 찾아가 만나기도 했다.

매장 안 테이블 위에는 전 세계 곳곳의 차를 담은 포장 박스들이 쌓여 있었다. 그는 꽃만큼이나 꽃을 말린 차도 사랑했다. 조금 과장하자면 꽃들에 둘러싸인 사람 같았다. 그러나 직업인으로서는 쉽지 않아 보였다. 외국만큼 꽃이 우리의 일상에 들어오지 않은 탓이었다. 나는 이런 사람이 좀 더 많이 알려지면 좋겠다고 생각했다. 하지만 선뜻 묘안이 떠오르진 않았다.

향기를 주머니 속에
가둘 수 없는 것처럼

꽃모닝은 계속되었다. 그가 별도로 개설한 단톡방을 통해 계절의 흐름이 매일매일 전해졌다. 꽃에 관한 상식도 함께 쌓이기 시작했다. 가끔은 작은 선물을 내건 퀴즈가 올라오기도 했다. 그런 날이면 지난 사진들을 찾아 열렬히 꽃의 이름을 복습하기도 했다. 꽃에 얽힌 슬픈 이야기를 듣노라면 숙연해질 때도 있었다. 브룬펠시아, 라넌큘러스 같은 어려운 이름의 꽃도 있었고, 수선화나 명자꽃 같은 친근한 이름의 꽃도 있었다.

하나둘씩 벚꽃이 지던 어느 늦은 봄날, 그녀는 벚꽃 엔딩과 관련된 사진들을 보내주었다. 벚꽃 주간에 이뤄진 의식들을 정리한 내용이었다. 벚꽃 산책 총 6회, 벚꽃이 예쁘게 보이는 카페 방문 3회, 영화 〈봄날은 간다〉 다시 보기 1회, 벚꽃 녹차 마시기 5회, 메인 꽃을 벚꽃으로 한 꽃꽂이 작업 3회……. 그는 벚꽃과 충분한 데이트를 즐겼으므로 덜 슬프다고 했다. 이제 만개한 라일락, 아카시아, 장미와 만날 준비를 하고 있다고 했다. 그의 꽃 사랑은 일상을 뒤덮을 만큼 진하고 강렬한 꽃향기와 같았다.

그는 '꽃'이라는 본질에 충실했다. 충실하다 못해 꽃과 사랑에 빠져 있었다. 그리고 꽃들에 대한 사랑을 '구체적'으로 '실천'했다. 그리고 그 실천을 '지속'하고 있었다. 매일 꽃 사진과 그에 얽힌 스토리를 전달하는 '꽃 배달부', 그것이 이 플로리스트의 '컨셉'이 됐다. 단순히 꽃을 '파는' 사람이 아니라 꽃에 얽힌 사연을 전하는 '메신저'가 된 것이다. 꽃을 많이 아는 플로리스트는 많을 것이다. 그보다 기술이 뛰어난 플로리스트도 적지 않을 것이다. 하지만 매일 아침 사진과 메시지로 꽃의 아름다움을 전하는 '꽃 배달부'는, '메신저'는 많지 않을 것이다. 나는 그 사람을 생각하면 행복한 꽃 배달부가 선명하게 떠오른다. 평범한 플로리스트를 비범하게 만드는 작업, 그러나 그 작업은 인위적이지 않았다. 오래도록 애정을 담아 꽃 사진을 찍었고, 그에 얽힌 스토리를 공부하고 경험했다. '단톡방'은 그저 도구였을 뿐이다. 그러나 그 단순한 작업을 '반복하는' 과정을 통해 그만의 '컨셉'이 만들어졌다. 이 꽃 배달부는 꽃만 이야기하지 않는다. 사람을 이야기한다.

"안 예쁜 꽃은 없어요. 장미가 아니어도, 저마다의 색과 개성이 있어 아름다워요. 사람도 마찬가지고요. 10년 동안 플로리스트로 일하면서 느낀 점이 그거에요. 저마다의 다른 개성으로 모든 사람이 아름답다는 거죠."

꽃을 팔지 않는다, 행복한 아침을 배달한다

브랜딩은 어렵지 않다. 이 플로리스트의 꽃 사랑을 이해할 수 있다면 더욱더 그렇다. 그는 꽃만 사랑하지 않았다. 그 때문에 사람을 더 사랑할 수 있다고 고백하고 있었다. 한 대상을 향한 애정과 관찰은 삶의 방식을 바꾼다. 일하는 방식도 함께 바뀐다. 그것을 알아보는 사람이 생긴다. 그 사람은 주변에 입소문을 내기 시작한다. 좋은 것은 알려지기 마련이다. 꽃향기를 주머니 속에 가둬놓을 수 없는 것처럼.

그렇다면 그다음 작업은 무엇이 되어야 할까? 그 메시지를 관통할 '컨셉'을 고민해야 한다. 꽃을 배달하는 메신저를 형상화해 보면 어떨까? 꽃의 원산지를 배경으로 한 우표를 스티커로 만들어 보면 어떨까? 아름다운 꽃에 얽힌 스토리를 전달하는 뉴스레터 서비스를 시작해 보면 어떨까? 미야자키 하야오의 애니메이션 〈마녀 배달부 키키〉처럼 고유한 캐릭터를 만들어 보면 어떨까? 그 캐릭터가 입을 법한 개성 있는 유니폼을 만들어 입어보면 어떨까? 벚꽃이 피는 날은 함께 모여 버킷 리스트를 경험하는 프로그램을 만들어 보면 어떨까? 벚꽃이 예쁘게 보이는 카페를 함께 방문하는 프로그램은 어떨까? 아예 네이밍을 꽃Flower을 배달하는Delivery 'Flowery'로 바꿔 보면 어떨까?

억지로 만들어진 컨셉은 꽃꽂이한 꽃처럼 결국 시들고 만다. 반면 생화의 싱싱함은 흙 속에 단단히 뿌리를 박고 있다. 진짜 '컨셉'은 생화처럼 생명력을 가진 것이어야 한다. 그 생명력이란 애정이다. 그 애정을 이어갈 수 있는 용기와 인내에 기반한 일상의 실천이다. 그 실천이 자신만의 '노하우'로 축적이 될 때 비로소 그 브랜드는 '생명'을 얻게 된다. 그 생명력은 '컨셉'이라는, 즉 '꽃 배달부'라는 선명한 이미지와 메시지로 발견될 때 비로소 사람들에게 전해질 수 있다.

"그녀는 벚꽃 엔딩과 관련된 사진들을 보내주었다. 벚꽃 산책 총 6회, 벚꽃이 예쁘게 보이는 카페 방문 3회, 영화 <봄날은 간다> 다시 보기 1회, 벚꽃 녹차 마시기 5회, 메인 꽃을 벚꽃으로 한 꽃꽂이 작업 3회……. 그는 꽃들에 대한 사랑을 '구체적'으로 '실천'했다. 그리고 그 실천을 '지속'하고 있었다."

기름집 방유당이 브랜드가 되는 법

우연히 '방유당'이라는 참기름 브랜드를 알게 되었다. 스스로를 '전통기름 로스터리 전문점'으로 포지셔닝한 방유당은 전주 중앙시장에서 40년째 운영되던 '대구 기름집'이었다. 그런 가게의 진짜 가치를 딸이 먼저 알아보았다. 디자인을 전공하던 딸은 온라인 쇼핑몰을 운영해 보며 시장성을 타진했다. 솜씨 좋은 아버지의 기름에 대한 '믿음'도 있었다. 일반적인 소주병이 아닌 제대로 된 병에 라벨과 디자인을 더했다. 반응이 좋았다. 가능성을 확인한 딸(손민정 대표)은 언니와 친구에게 도움을 청했다. 2012년 8월, 분당구 정자동의 조용한 놀이터 앞에 처음으로 가게 문을 열었다.

방유당의 컨셉은 '로스터리 전문점'이다. 커피 원두 로스터리 숍에 착안해 기름을 짜는 기계들을 다시 디자인했다. 그 결과 젊은 사람들이 찾아올 만한 로스터리 숍과 카페 형태의 기름집이 탄생했다. 인테리어부터 소품 구입, 카페의 메뉴 구성, 온라인 사이트의 기획과 사진 촬영에 이르기까지 전 과정을 손민정 대표가 직접 했다. 하지만 카페의 메뉴 구성과 요리 스타일링은 전문가의 손에 맡겼다. 방유당에서 쓰는 깨는 모두 충청도 양촌의 양곡장과 계약을 맺고 공급을 받는다. 기존 참기름병은 주둥이에서 기름이 흘러 주방을 지저분하게 만드는 경우가 많았다. 방유당은 그 불편을 해소하기 위해 병의 입구에 '지끈'을 둘러 처리했다. 보관함은 오래된 소금 보관 방식을 연구해 삼나무로 만들어졌다. 기름을 병에 넣을 때는 2, 3일간 자연 정제해 깨과육과 같은 불순물과 섞이지 않도록 했다.

제품의 신뢰에
하나를 더하다

나는 이 새로운 스타일의 기름집이 가진 핵심 메시지를 고민했다. '로스터리 전문점'은 핵심을 비껴가고 있다고 생각했다. 사람들이 카페와 기름집을 같은 카테고리로 이해할 것 같지 않았다. 기름집은 모름지기 기름집다워야 한다. 나는 이 기사들이 방유당의 본질을 비껴가고 있다고 생각했다. 사람들이 그리워하는 건 오래된 스타일의 기름집이 가진 '신뢰'의 프로세스 때문이 아닐까? 다음의 인터뷰 내용에서 바로 그 지점을 포착할 수 있었다. 방유당의 장점은 바로 소비자가 가진 기름에 대한 '불안'을 해소하는 방식에 있었다.

"방앗간은 원래 기름 짜는 걸 손님이 지켜보는 구조에요. 손님이 자기를 의심해서 지켜본다고 기분 나빠하지 않을 거예요. 저희 부모님은 깨를 맡겨놓고 다른 볼일 보고 오겠다고 하는 손님이 있어도 억지로 붙들어 지켜보도록 하세요. 괜한 말 나오는 게 싫으신 거죠."

실제로 깨를 바꿔치기 한다거나, 기름을 손님에게 다 주지 않고 남기는 꼼수를 부리는 나쁜 방앗간도 있을 수 있다. 그래서 방유당은 고객들에게 깻묵을 공짜로 나눠준다. 깻묵을 손님에게 준다는 것은 남김없이 기름을 다 짰다는 '신뢰'의 상징이 된다. 간혹 깻묵을 이용해 기름을 짜는 가능성을 원천적으로 차단한다는 의미도 있다. 깻묵은 음식의 조리 과정에 사용될 수 있을 뿐 아니라, 텃밭의 퇴비로 쓰이기도 한다. 문득 포장에 깻묵을 동봉한 '정준호기름'이 떠오른 건 바로 그때였다. 정준호기름은 이와 같은 방식의 '양심 참기름'으로 스스로를 포지셔닝했다. 최근에는 올리브유를 대체하는 한국적인 오일로 동남아 시장에 진출했다. 특급 호텔, 미쉐린 가이드 맛집,

유명 백화점 등에 공급하는 브랜드가 되었다. 방유당은 '기름'이라는 제품 자체에 대한 신뢰를 바탕으로, 기계의 디자인, 인테리어, 병의 모양을 바꿈으로서 신뢰를 가시화했다.

업의 가치를 높이는
자기 부정

대부분의 브랜딩 작업은 자신의 업에 대한 재해석과 '자기 부정'에서부터 시작한다. 기름을 파는 곳은 많다. 하지만 소비자들의 불안을 해소하고 '신뢰'를 팔 수 있는 기름 가게는 많지 않다. 그러나 자신만의 방법으로 이 불안을 해소하는 순간 방유당은 단순한 가게가 아닌 '브랜드'가 된다. 하지만 이런 브랜딩은 단순히 하나의 가게를 성공시키는 정도에서 끝나지 않는다. 때로는 그 '업' 자체에 대한 사람들의 인식을 바꾸기도 한다. 자신의 업을 대단치 않게 여기고, 심지어는 부끄럽게 생각하는 '스몰 브랜드'들이 적지 않다. 방유당의 새로운 대표가 이 업에 뛰어든 이유도 그와 같은 사회의 편견을 이겨내고 싶은 욕심 때문이었으리라.

"참기름은 우리가 생활 가운데 매일 접하는 것인 데도 정작 그걸 만들어내는 기름집은 낮게 보는 사회적 시선이 있는 것 같아요. 그런 시선을 바꿔 보고 싶은 마음과 제가 정말 좋아하는 부모님의 음식을 세상에 선보이고 싶은 마음에서 시작한 것이 방유당이에요."

오래된 기름집처럼, 늘 해오던 방식에 만족하다가 역사 속으로 쓸쓸히 사라지는 브랜드들은 또 얼마나 많을까. '브랜드'라는 단어가 주는 묘한 위압감으로 '우리 같은 작은 가게가 어떻게…'라며 자조 섞인 말을 내뱉는 경우를 참으로 많이 보았다. 하지만 브랜드란 돈 있는 회사들이 주기적으로 반복하는 포장 바꾸기가 아니다. 그 업이 지닌 가치를 선명하게 드러내 보이고, 그 결과로 그 가치를 드높일 수 있는 생존과 성장을 위한 최고의 방법이다. 그리고 그 방법은 꼭 대단한 비용을 치러야만 해낼 수 있는 거창한 작업만은 아니다. 가치를 더하는 방법은 포장에 깻묵을 더하는 아주 작은 노력에서부터 시작되는 법이다. 방유당은 거기서 한 발 더 나아가 병과 기계의 디자인을 바꾸고, 판매하는 공간의 컨셉을 바꾸었을 뿐이다. 중요한 것은 그 모든 과정이 이 브랜드의 핵심인 '신뢰'라는 가치를 더하는 데 있다. 내가 방유당이라는 가게에 주목한 이유는, 바로 그러한 '브랜딩'의 필요성을 더 많은 작은 가게들이 깨달았으면 하고 바라는 마음 때문이다.

"방유당은 '기름'이라는 제품 자체에 대한 신뢰를 바탕으로, 기계의 디자인, 인테리어, 병의 모양을 바꿈으로서 신뢰를 가시화했다. 방유당은 '기름'을 팔지 않았다. 고객들에게 '신뢰'를 팔고 있었다."

사람을 위한 데이터 경영, **한정식집 마실 이야기**

"한정식집 '마실'을 가는데요."

천안역에서 내린 후 곧바로 택시를 탔다. 그리고 지인의 말대로 목적지를 이야기했다. 이름만 대면 알 것이라는 확신에 찬 설명을 듣고도 반신반의했다. 하지만 그건 기우였다. 택시 기사는 두말없이 차를 몰았다. 그리고 이어지는 식당에 대한 칭찬, 혹은 약간은 경외가 섞인 말들. 나는 흡사 광고를 듣는 기분으로 식당 앞에 내렸다. 혹시나 해서 지도를 살펴보았다. 천안시에서도 남서쪽 끝에 위치한 입지, 식당을 둘러싼 숲은 이곳이 얼마나 외딴곳인지를 웅변하고 있었다. 천안 사람들은 다 안다는 한정식집 '마실', 나무로 지어진 고즈넉한 이 작은 식당이 왜 그토록 사랑을 받고 있는지 궁금할 따름이었다. 나는 초가을의 상쾌한 공기를 가로지르며 식당 안으로 들어섰다. 이 식당의 주인, 박노진 대표를 만나기 위해서였다.

"퓨전 한정식을 좋아하는 30대 고객들은 일주일마다 이곳을 찾았어요. 하지만 일반적인 백반 한정식을 좋아하는 4, 50대 고객들은 두세 달 후에야 다시 식당을 찾더군요. 자연스럽게 단맛에 익숙한 젊은 주부들의 입맛에 맞추기 시작했어요. 그분들의 주머니 사정을 고려해 9,900원짜리 정식 코스를 그때 처음으로 시작했어요. 우리 타깃은 명확했으니까요."

지금도 이 한정식집 메뉴에는 3만 원을 넘는 코스 요리가 거의 없다. 2만 원 전후의 메뉴 가격 역시 젊은 주부들을 고려한 결정이었다. 이렇듯 바로 본론으로 들어가는 박 대표의 말에는 조금의 망설임도 없었다. 그렇다고 성공한 사장님들에게서 흔히 느껴지는 우락부락한 카리스마 따위는 전혀 느껴지지 않았다. 동네 어디에서라도 볼 수 있을 것 같은 친근한 인상, 그러나 조곤조곤한 말속에는 어떤 보이지 않는 고집 같은 것이 느껴졌다. 한정식집의 정취를 느낄 수 있도록 만들어진 목조 건물은 지금까지 벌써 세 번이나 불이 났다. 그래도 한사코 나무를 고집한 건 나름의 이유가 있었다. 가마니 틀로 장식한 인테리어는 50대 이상의 고객들에게는 향수를, 함께 온

자녀들에게는 독특한 개성으로 다가온다. 건물 자체가 손님들에게 마실만의 아우라를 전하고 있었다.

"한 번은 요 앞 큰길가로 식당을 옮길까도 생각해보았어요. 그런데 고객과 주변 지인들이 결사반대하는 거예요. 산 밑의 아늑한 지금의 위치가 '마실답다'는 거예요. 무려 한 달을 쉬어가며 13억을 투자해 지금의 식당으로 다시 만들었죠. 걱정을 많이 했는데 첫날부터 손님들이 구름떼처럼 몰려들더군요. 그들에게 이 식당이 식당 그 이상의 곳임을 그제야 깨달을 수 있었죠."

맛, 제대로 된 '한정식'을 만드는 첫 번째 조건

그렇다고 마실이 분위기만으로 지금의 명성을 얻었을 리는 만무했다. 한 가지 이유를 말해달라고 하니 박 대표는 서슴없이 '맛'을 꼽았다. 그 자신이 열심히 사전을 찾아보았지만 한정식에 대한 명확한 정의는 없었다. 고민 끝에 '우리나라의 제철 식재료로 본연의 맛을 내는 것'이라고, 한정식을 정의할 수 있었다. 최대한 향신료를 자제하고 자연을 표현할 수 있는 음식이 그에게 주어진 숙제였다. 떡갈비만 해도 그랬다. 그는 제대로 된 떡갈비를 만들기 위해 동두천에서 목포에 이르기까지 안 가 본 식당이 없었다. 그 식당들은 대부분 고기를 갈아낸 후 반죽처럼 치대서 조리하고 있었다. 이건 아니다 싶었다. 그 후 마실은 냉장육을 채 썰어 떡갈비를 만들기 시작했다. 고기 특유의 씹히는 식감을 살리기 위해서였다. 보쌈은 수입육을 쓰지만 삶는 소스만큼은 십전대보탕의 약재를 써서 만들어낸다. 잡내도 잡으면서 건강에도 신경을 썼다. 조미료는 절대 쓰지 않는다. 재료 본연의 맛을 해친다고 여기기 때문이다.

"MSG 때문에 두 명의 주방장과 결별한 경험이 있습니다. 구매 목록에는 있는데 조리실에는 없더군요. 이 잡듯이 식당을 뒤져서 결국 찾아냈죠. 국이나 찌개에 들어가는 된장에는 특유의 쓴맛이 있어요. 주방장들이 MSG를 고집하는 이유는 그 쓴맛을 잡아주기 때문이에요. 하지만 이것만큼은 절대 양보할 수가 없더군요. 그건 제가 생각하는 제대로 된 한식이 아니니까요."

그에게는 '우리처럼 한식을 잘 풀어내는 곳은 없다'는 자신감이 있었다. 제대로 된 한식을 연구하기 위해 1년 이상 두 명의 전문가에게 자문을 받았다. 직원들을 보내 전국 40여 곳의 내로라하는 한정식집을 벤치마킹하는 데만 2억을 투자했다. 음식의 온도를 유지하기 위해 한 세트에 100만 원을 호가하는 언더레인지를 테이블마다 설치했다. 식당 옆에 위치한 사무실 3층에는 조리 연구실이 별도로 존재한다. 주방장과 영양사는 이곳에서 세 달에 한 번씩 바뀌는 세트 메뉴를 온종일 연구한다. 아마도 이런 식당에서 별도의 메뉴 개발을 위해 사람을 고용한 곳은 없을 것이라 했다. 은근슬쩍 직원들의 근속 연수를 물었다. 유별나게 친절한 점장과 직원의 응대가 남달랐기 때문이었다.

"점장님만 12년째 근무 중이세요. 제대로 된 응대를 위해 특별히 스카우트한 분이죠. 다른 종업원도 평균 근속 연수가 모두 6, 7년 이상입니다. 사실 여기에는 아픈 사연이 있어요. 이곳에서 일하시는 분들은 대부분은 배우자와 사별했거나 이혼했거나 사업에 실패한 분들이 많으세요. 손님이 많고 메뉴가 다양하니 노동 강도는 높은 편이죠. 그래서 인근 식당보다 급여를 40, 50만 원 이상 높게 드립니다. 그렇지 않으면 모자란 수입을 메우느라 지금의 일에 집중하기 힘들기 때문이죠. 저도 그분들 때문에 돈을 벌고 있잖아요. 사람 사는 세상이 우선 아닌가요?"

'마실'의 아우라를 만드는
인재 경영의 비밀

나는 이런 결정의 배후에 있는 박 대표의 사연이 궁금했다. 아니나 다를까 그 역시 2,500평이나 하는 고깃집을 크게 벌였다가 실패한 경험이 있었다. 계약 기간 때문에 그만둘 수도 없는 식당 운영이 7, 8개월 이상 이어졌다. 적자가 눈덩이처럼 불어나도 새벽 4, 5시면 장을 보기 위해 시장에 나가야 했다. 11시까지 청소를 마치고 들어가면 또다시 지옥 같은 새로운 날이 밝아오곤 했다. 마치 도살장에 끌려가는 소처럼 일하는 하루하루였다. 어차피 일해야 한다면 즐겁게 일하고 싶었다. 때마침 고 구본형 선생이 운영하는 프로그램을 통해 공부를 하고 글을 쓰기 시작했다. 그제야 오랫동안 응어리진 가슴 한편이 풀어지는 느낌이었다. 그리고 결심했다. 자신보다 잘난 사람들을 데려와야겠다고 마음먹었다. 식당을 하면서 무슨 인재 경영이냐는 핀잔이 뒤를 따랐다. 하지만 그는 아랑곳하지 않았다. 손님을 전문적으로 접객하는 점장과, 영양사, 캐셔까지 새롭게 고용했다. 다른 일을 하던 아내까지 불러 자신의 빈틈을 메웠다.

"사장의 일은 나보다 잘하는 사람을 적재적소에 배치하는 거예요. 그러고 나서 남는 시간에 비로소 제가 잘하는 일에 몰두하는 것이죠. 매일매일의 매출은 물론 재고 조사에 이르기까지 꼼꼼히 기록하는 습관을 들이기 시작했습니다. 제가 가장 좋아하고 잘하는 일이었죠. 식당 경영의 모든 노하우를 숫자로 기록하기 시작했어요. 그때부터 식당이 날개를 달기 시작했습니다."

그제야 안갯속 같은 이 식당 성공의 비밀에 가닥이 잡히기 시작했다. 점쟁이가 '펜대를 잡고 살아야 할 운명'이라고 말했을 만큼 박 대표는 식당에 어울리지 않는 사람일 수 있었다. 새벽 장을 보고 온갖 손님을 다 응대하고 밤늦게까지 뒷정리를 해야 하는 식당의 모든 일이 그에게는 고역일 때도 있었다. 그런 인고의 시간 끝에 그가 선택한 것은 바로 그 일을 더 잘하는 사람에게 위임하는 것이었다. 그리고 그가 잘하는 데이터 경영에 집중하면서부터 식당 일은 그에게 '맞는' 일로 변모하고 있었다. 제대로 된 한식을 고민하는 일에 몰입할 수 있었다. 주먹구구식으로 운영하는 일반 식당과는 다른 결과를 만들어내기 시작했다.

"식당 운영을 위한 매출과 재고 등 모든 정보를 데이터화하면서 원가를 유지할 수 있다는 자신감이 생겨났어요. 우리 식당은 원가율 40%, 시급 12,000원까지는 견딜 수 있는 체력이 있어요. 무조건적인 자본 투자가 아닌 체계적인 데이터 경영이 우리 식당의 핵심 경쟁력이에요. 그게 바로 제가 가장 잘 할 수 있는 일이기도 하고요."

지속 가능한 '공존'을 위한 선택, 데이터 경영

우리나라만큼 자영업자들이 많은 곳도 없다. 그러나 대부분 채 1년을 버티지 못하고 문을 닫는다. 골목 상권은 살얼음판 위를 걷는 살벌한 전쟁터다. 그곳에서 감히 성공을 말할 수 있는 식당은 1%를 넘지 않는다. 그런데도 마실은 16년 이상 영속하며 지금의 자리에 오를 수 있었다. 그가 강조하는 데이터 경영은 신선한 발상이었다. 그의 성공 방식은 이미 주변에 알려져 또 다른 많은 식당들을 일으켜 세우고 있었다. 하지만 나는 그 뒤에 숨은 '공존'의 철학을 보았다. 박 대표는 자신이 잘하지 못 하는 일은 철저히 주변 사람들에게 위임했다. 삼고초려를 마다하지 않고 전문가를 모셔왔다. 그 대신 그가 잘 할 수 있는 일에 집중했다. 함께 잘 사는 세상을 만들기 위한 바람 때문이었다. 그는 지난 12년간 '해피 데이'라는 나눔 활동을 이어오고 있었다. 식사 금액의 일부를 기부하는 일종의 일일 행사였다. 세월호, 천안 농민회 같은 사회 활동가들을 돕기 위한 이 행사는 무려 98회를 이어오고 있다.

마실은 단순한 한정식집이 아니다. 공존의 가능성을 실험하는 식당이다. 밝게 일하는 종업원의 친절한 응대는 단순히 높은 월급 때문만은 아닐 것이다. 높은 평균 근속 연수는 이 식당의 숨은 자산이다. 지역 사회의 절대적인 사랑을 받는 데는 그만한 이유가 있었다. 이 모두가 '사람 사는 세상'을 만들고 싶은 박 대표의 간절한 염원에서 비롯된 일이었다. 그는 그 답을 가장 '자기다운' 데이터 경영에서 찾았다. 식당 운영의 모든 과정을 꼼꼼히 기록하고 숫자에서 가능성을 찾았다. 물론 그 과정은 결코 녹록지 않다. 그는 자신처럼 식당을 운영하고 싶은 사람들에게 다음과 같은 이야기를 전하고 싶다고 했다.

"지난 16년 간 대략 5번의 터닝 포인트가 있었어요. 그런데 사람들이 그 3년을 기다리지 못하더군요. 모든 업에는 그 일이 숙성될 만한 충분한 시간이 필요하다고 생각해요. 제 경우에는 그 기간이 3년이었어요. 그것도 한 번으로 끝나지 않고 계속해서 찾아왔죠. 인내해야 합니다. 그리고 끊임없이 연구해야 하고요. 어느 날 아침 갑자기 식당이 유명해지는 일은 결코 없습니다. 그런 식당은 오래갈 수도 없고요. 마실은 그 시간을 견뎌왔기 때문에 지금과 같은 '마실다움'을 만들어냈다고 확신합니다."

"나는 그 뒤에 숨은 '공존'의 철학을 보았다. 박 대표는 자신이 잘하지 못하는 일은 철저히 주변 사람들에게 위임했다. 삼고초려를 마다하지 않고 전문가를 모셔왔다. 그 대신 그가 잘 할 수 있는 일, 데이터 경영에 집중했다. 함께 잘 사는 세상을 만들기 위한 바람 때문이었다."

Part 3

통점痛點,

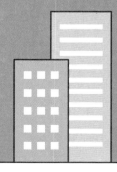

숨겨진 필요와 욕망을 발견하고 싶다면

SMALL BRAND

일상의 '리추얼'을 공략하라

모멘텀

베토벤의 아침 식사는 정확히 60개의 콩이 들어간 커피 한 잔이었다. 그가 목욕할 때는 온몸을 물에 적신 채로 고함을 지르며 집안을 돌아다녔다고 한다. 소설가 스티븐 킹은 하루도 빠짐없이 글을 썼다. 그리고 하루 2,000자라는 목표에 도달하기 전에는 결코 책상에서 내려오지 않았다고 한다. 헤밍웨이는 전날 아무리 많은 술을 마셔도 오전 6시가 되면 멀쩡한 모습으로 깨어났는데, 독특하게도 서서 글을 쓰는 습관이 있었다. 무용가로 유명한 트와일라 타프는 2001년에 발표한 《천재들의 창조적 습관》(문예출판사)이라는 책을 통해 한 예술가의 습관이 어떻게 하나의 '의식'으로 자리 잡는지를 보여 주었다.

"나는 매일 아침을 나만의 의식으로 시작한다. 새벽 5시 30분에 일어나 연습복을 입고, 워머를 신고, 후드티를 걸치고, 모자를 쓴다. 그리고는 집 밖으로 나와 택시를 불러 세우고, 운전사에게 퍼스트 애비뉴 91번가에 있는 범핑 아이런 헬스장으로 가자고 한다. 그곳에서 앞으로 두 시간 동안 운동을 할 것이다. 내 의식은 매일 아침 헬스장에서 하는 스트레칭과 웨이트 트레이닝이 아니다. 내 의식은 바로 택시다. 운전사에게 목적지를 말하는 순간, 내 의식은 끝난다."

일상을 깨우는 의식,
리추얼

다소 거창하게 시작한 셈이지만 평범한 우리 역시 하루를 시작하는 나름의 습관들을 가지고 있다. 많은 이들이 일어나자마자 한 잔의 생수를 들이켜거나 출근길에 빠지지 않고 커피 한 잔을 들고 나선다. 회사에 와서는 화분에 물을 주거나 화장실에 들러 머그잔을 씻거나 양치를 하기도 한다. 이렇게 사람들이 일상에서 일정하게 반복되는 행동 패턴을 의례, 의식 혹은 리추얼ritual이라고 부른다. 치열한 혹은 무료한 하루를 보내기 위한 나름의 간절함을 담은 습관적인 행동에 '의식'이라는 이름은 꽤나 잘 어울리는 듯하다. 이 점에

착안한 메이슨 커리라는 작가는 창조적인 작업을 하는 191명의 특별한 습관들을 조사해 《리추얼》(책읽는수요일, 2014)이라는 이름의 책을 펴내기도 했다. 앞선 일화들 역시 대부분 이 책에서 소개된 내용이다.

앞서 얘기했듯 작가나 화가, 무용가들과 같은 창조적인 작업을 하는 예술가들에게만 이러한 리추얼이 필요한 것은 아니다. 현대를 살아가는 사람들의 무료한 혹은 각박한 일상을 열어주는 리추얼은 의외로 우리들의 삶 깊숙이 있다. 물론 내게도 이와 비슷한 리추얼 하나가 있다. 바로 하루의 업무 시작을 알리는 브라우저를 띄우자마자 뜨는 '모멘텀Momentum'이라는 프로그램이다. 이 프로그램은 내가 쓰는 '크롬' 브라우저를 실행시키자마자 새로운 창 가득히 전 세계 곳곳의 풍경을 매일 하나씩 보여준다. 시간과 날씨 정보, 가장 중요한 하루 일정과 리스트를 보여주는 것은 물론 매일 새로운 명언 하나를 보여준다(영어라는 것이 흠이지만). 적어도 내게는 이 모멘텀이 하루의 시작이나 새로운 작업에 들어서기 위한 일종의 경건한 '의식'인 셈이다. 오늘 모멘텀이 보여 주는 풍경은 미국 유타주에 위치한 '시온 국립 공원'의 모습이다. 장엄한 협곡 사진 아래 '세상의 변화를 보고 싶다면 당신 자신부터 변하라.'는 간디의 말 한 마디가 짧게 쓰여 있다. 짧게 고개를 끄덕인 후 혼잣말을 중얼거린다. '자, 이제 하루의 시작이다.'

리추얼을 파고든
브랜드들

이쯤 되면 브랜드 이야기를 하기로 약속한 곳에 뜬금없는 위인들의 습관이나 애플리케이션 얘기를 꺼내는 것이 의아한 사람도 있을 것이다. 하지만 '모멘텀'은 분명 하루에도 수없이 브라우저의 새 탭을 여는 사람들의 습관과 불편을 파고든 영리한 서비스이자 브랜드임이 분명하다. 아름다운 풍경 사진이나 하루의 일정을 관리할 수 있도록 도와주는 서비스는 웹은 물론 모바일에도 수없이 많다. 하지만 내가 주목한 것은 '기능'이 아니라 '리추얼'이다. 놀랍고 차별화된 특별한 기능이 아니라 사람들의 일상 속 습관을 파고들어 하나의 리추얼로 자리 잡게 만드는 '영악함'이 신선한 자극을 주었기 때문이다. 그런데 가만히 살펴보니 이러한 리추얼을 통해 차별화에 성공한 브랜드들이 적지 않았다.

어른들의 손에 끌려 들어간 목욕탕에서 단지 모양의 '바나나맛 우유'를 먹어 본 기억이 있는가? 정확하게 반을 가르기 위해 진땀을 흘리던 '쌍쌍바'는? 한때 일요일이면 당연히 짜장 라면을 끓여 먹어야 하는 것으로 믿게 했던 '짜파게티'도 빼놓을 수 없다. 이 모든 브랜드가 리추얼을 통해 조금 더 특별한 우유와 아이스크림, 라면으로 거듭났다. 만약 이 모두가 과거 사례처럼 들린다면 '오레오'는 어떤

가. 지금도 많은 아이들은 오레오를 먹을 때 한입에 넣지 않는다. 우선 크래커를 조심스럽게 비틀어 떼어내 바닐라 크림을 발라 먹은 후에야 비로소 우유에 찍어 먹는다.

　전 세계 주당들의 깊은 사랑을 받아온 기네스Guinness 맥주 역시 마찬가지다. 이들은 일정한 각도로 잔의 특정 지점까지 맥주를 채운 후 거품이 모두 가라앉기를 기다린 후에야 비로소 잔을 끝까지 채운다. 기네스를 사랑하는 많은 팬들은 지금도 이 의식을 엄숙하게 지킨다. 컬럼비아 비즈니스 스쿨의 하이디 그랜트 할버슨은 이처럼 사소한 리추얼을 부여하는 과정을 더하는 것만으로도 새로운 브랜드 가치를 창출해낼 수 있다고 주장했다. 그러고 보니 함께 일하던 20대 직원으로부터 '더위사냥'을 잘라 먹는다고 핀잔 아닌 핀잔을 들은 기억이 난다. 그는 모름지기 더위사냥이란 통으로 먹어야 한다며 무슨 거창한 의식을 치르듯 반쪽의 포장지를 떼어냈다. 그래야 더 맛있다고 말하는 표정에선 자신의 믿음에 대한 한 치의 의심도 찾아볼 수 없었다.

엔도르핀을 부르는
리추얼

분명 리추얼은 얼핏 보기에 반복된 행동을 요구하는 단순한 습관 혹은 즐겁게 허용된 강박처럼 보인다. 하지만 이러한 리추얼이 제공하는 유익은 그보다는 꽤나 실제적이며 구체적이다. 매일 아침 배달되는 신문의 잉크 냄새, 아내가 건네주는 따뜻한 토스트와 출근 길에 굳이 들러 사 오는 커피 한 잔, 노트북을 켠 후 처음으로 여는 브라우저 속 풍경을 보면서 우리의 몸속에선 분명한 화학적 변화가 일어나기도 한다. 바로 엔도르핀이 분비되기 때문이다.

엔도르핀은 뇌 속에서 분비되며 진통 및 쾌감 효과와 관계있는 호르몬 물질이다. 그리고 일상생활에서 이러한 엔도르핀의 효과가 가장 잘 나타나는 활동이 바로 리추얼이다. 리추얼은 개인이 자신의 행동에 대해 특별한 의미를 부여함으로써 일상생활에서 동일한 행동을 반복적으로 할 뿐만 아니라 동시에 그 활동에 강렬한 심리적 의존을 보여 준다. 이쯤 되니 그토록 많은 작가와 화가 예술가들이 나름의 리추얼에 매달린 것도, 다양한 브랜드들이 자신들만의 리추얼을 광고를 통해 반복해 전파하는 이유도 조금 더 선명해진다. 내가 아침마다 '모멘텀'이 보여 주는 거대하고 아름다운 풍경에 압도되며 하루를 시작하는 것도 어쩌면 엔도르핀의 작용 때문이었는지도 모를 일이다.

물론 모멘텀이 이러한 치밀한 연구와 고민 끝에 이러한 서비스를 만들어냈을지는 모를 일이다. 그저 재미 삼아 우연히 만든 앱 하나가 입소문을 거쳐 뜬 경우일 수도 있다. 하지만 누구나 흘려보냈을 일상의 사소한 불편을 창의적인 서비스로 구현해낸 용기만큼은 칭찬받아 마땅하다. 새 창을 기껏 띄우고도 포털 사이트의 낚시성 글에 끌려 애초에 하려던 작업을 까먹은 일이 비일비재했던 나의 경우엔 더욱더 그렇다. 사람들의 숨겨진 욕구와 욕망을 발견하고 해결하는 과정이 바로 '브랜딩'이다. 모멘텀은 이처럼 평범한 사람들의 사소한 일상에서 그들이 가진 '문제'를 찾았다. 그리고 대상에 대한 애정 어린 관심과 이해를 통해 '해법'을 찾아냈다. 대부분의 사람이 컴퓨터를 켠 후 브라우저를 열면서 하루를 시작한다는 것을 알고, 그들에게 가장 필요한 것들을 브라우저의 '첫 화면'을 통해 제공했다.

문제 해결의 과정,
브랜딩

우리가 할 일은 사람들의 필요와 욕구를 찾는 것이다. 여기서 관찰의 힘이 중요해진다. 다른 사람들은 그냥 생각 없이 흘려보낼 다양한 상황을 가정하고, 그에 관한 문제 해결을 고민하는 것이다. 브랜딩은 한 마디로 '문제 해결'의 과정이다. 그 문제를 해결할 수 있는 다양한 방법과 노하우를 제공하는 것이나 다름없다. 식당은 배고픔과 식사라는 문제를 해결하기 위해 만들어진 곳이다. 거기에만 머무르면 그냥 '식당'이지만 다른 문제 해결의 과정을 더하면 특별해진다. 브랜드가 된다. 까마득한 절벽 위에 캡슐로 지은 페루의 어느 식당이 그랬다. 그들은 단순히 '음식'을 팔지 않았다. 특별한 '경험'을 팔고 있었다. 사람들이 이 식당에 열광한 이유는 배고픔의 해결을 넘어 일상의 무료함을 해결할 어떤 솔루션을 찾고 있었기 때문이다.

사람들을 관찰하자. 하루의 시작을 알리는, 브라우저를 여는 그 짧은 순간에도 이렇게 다양한 욕구와 욕망이 숨어 있다면 다른 시간은 더 말해 뭣하겠는가. 사람들의 필요에 대한 민감함이 좋은 브랜드를 만든다. 모든 브랜더는 탐험가가 되어야 한다. 일상의 안전하고 평범한 곳을 넘어 낯설고 불편한 과정을 경험해야 한다. 거기에서부터 세상에 없던 브랜드가, 브랜딩이 비로소 시작된다.

"어른들의 손에 끌려 들어간 목욕탕에서 단지 모양의 '바나나맛 우유'를 먹어 본 기억이 있는가? 정확하게 반을 가르기 위해 진땀을 흘리던 '쌍쌍바'는? 한때 일요일이면 당연히 짜장 라면을 끓여 먹어야 하는 것으로 믿게 했던 '짜파게티'도 빼놓을 수 없다. 이 모든 브랜드가 리추얼을 통해 조금 더 특별한 우유와 아이스크림, 라면으로 거듭났다."

거래를 넘어 관계로,
편리함을 넘어 '친밀함'으로

당근마켓

"당근! 당근!"

요즘 우리 집에서 가장 많이 들리는 소리다. 때로는 카톡 소리보다 더 자주 들리기도 한다. 아내의 핸드폰에서 쉴 새 없이 들리는 이 소리의 정체가 궁금했다. 새로운 메신저 서비스냐고? 아니다. 그냥 중고 거래 서비스 앱이다. 놀라운 건 아내가 그전에는 중고 거래를 거의 해 보지 않았다는 사실이다. 최근엔 거의 매일 거래를 한다. 거래 내역은 더 놀랍다. 3,000원을 받고 바람막이 점퍼를 판다. 5,000원을 주고 식칼 세트를 산다. 500원을 받고 쓰지 않던 일제 파스를 판다. 동네 기반의 서비스이기 때문에 가능한 일이었다.

이 앱은 설계 자체가 반경 6km 인근의 주민들이 올린 제품들을 중심으로 검색될 수 있도록 만들어졌다. 이름도 '당근마켓', 그러니까 '당신의 근처'란 뜻이다. 카카오와 네이버 출신의 두 대표는 '슬리퍼를 끌고 나와 거래를 할 수 있는' 중고 직거래 서비스를 만들고 싶었다고 했다. 사내 벼룩 게시판이 활성화된 모습과 지역별로 활성화된 '맘카페'에서 그 가능성을 읽었다고 했다. 지역과 동네에 특화된 중고 거래 서비스인 셈이다.

거래를 넘어 관계로,
편리함을 넘어 친밀함으로

사실 처음 아내에게 이 서비스에 관한 설명을 들었을 때 누가 이런 거래를 할까 싶었다. 그런데 바람막이 점퍼를 산 동네 사람은 벤츠를 끌고 왔다고 한다. 명품 브랜드 모자를 3,000원에 사러 온 사람은 아우디를 끌고 왔다고 했다. 그리고 두 사람 다 거래에 흡족해했다고 한다. 왜 그들은 고급 외제 차를 타고 와 3,000원짜리 바람막이 점퍼와 모자를 사 간 것일까. 돈이 없어서 그랬다고 생각할 사람은 아무도 없을 것이다. 어쩌면 기름값이 더 들었을 수도 있다. 핵심은 거기에 있지 않다. 벼룩시장을 우리가 찾는 이유는 단순한 '필요' 때문이 아니다. 몇백 원, 몇천 원짜리 거래를 통해 얻는 소소한 기쁨들이 있기 때문이다. 가벼운 마음으로 흥정을 하고, 설사 버릴지라도 부담 없는 즐거운 거래를 하는 과정 자체가 그들에게 '필요' 이상의 '만족'을 주기 때문일 것이다.

기존의 중고 거래 서비스를 '지역'에 제한을 두어 쪼갠 것도 신의 한 수였다. 그 제한이 '불편함'이 아닌 전에 없던 '간편함'과 '안전'한 서비스를 가능하게 만들었다. 자연스럽게 입소문이 퍼지기 시작했다. 서비스 출시 3년 만인 2019년 2월 기준 누적 다운로드는 500만 건, 월 순수 방문자 수MAU는 200만 명을 넘어섰다.

이야기는 여기서 그치지 않는다. 거래하는 대상들이 대부분 인근 주민들이다 보니 재미있는 후일담들이 쌓이기 시작했다. '당근'의 거래를 마치고 온 아내가 베트남 커피믹스를 들고 왔다. 거래자가 '물건을 싸게 줘서 고맙다'며 커피를 챙겨주더라는 것이다. 이후로 이 거래자는 아내의 좋은 친구가 되었다. 그렇게 한 사람 한 사람씩 관계가 만들어지기 시작했다. 이건 확실히 기존의 중고 거래 서비스에서는 상상하기 힘들었던 경험이다. 사기만 당하지 않아도 성공인 중고 거래가 이런 뜻하지 않은 훈훈한 '관계'들을 만들어낸다는 사실이 내심 놀라웠다.

게다가 거래 금액이 낮다 보니 사기 거래의 위험성도 낮았다. 직접 만나서 하는 거래가 대부분이라 복잡한 결제 시스템도 불필요했다. 와이프는 구매를 결정하기 전에 이전의 거래 내역을 확인하는 습관이 생겼다고 했다. 이전에 무엇을 얼마에 팔았는지를 확인하고 나서 거래를 결심하는 것이다. 이는 다른 사람들도 마찬가지였다. 처제로부터 받은 골프 웨어를 하나씩 올리자 갖고 있는 다른 옷들을 한꺼번에 팔라며 동네 아주머니가 집으로 찾아오기도 했다. 그날 그 아주머니는 흡족한 표정으로 우리 집 현관문을 나섰다. 물론 아내도 만족스럽긴 매한가지였다.

이 앱의 사용자당 평균 방문 횟수는 무려 25회에 이른다고 한다. 평균 일일 체류 시간은 18분 46초에 달한다. 페이스북의 40분, 인스타그램의 25분과 비교해도 놀라운 기록이다. 한 번 거래한 사람과 재거래 하는 확률은 10% 정도, 같은 동네이니 재거래로 이어지기 쉽고 채팅을 통해 거래가 이뤄지니 운이 좋은 경우 서로 친구가 되기도 한다. 나는 이런 모습들을 아내의 경험을 통해 '실제'로 확인할 수 있었다. 그리고 생각했다. 이런 게 바로 진짜 '브랜딩'이라고.

앱을 통해 시작된 경험들이 '관계'를 만들어내고 이는 다시 자연스러운 '입소문'을 만들어낸다. 중고 거래가 가진 '위험'을 이토록 즐거운 '경험'으로 만들어낸 것은 과연 의도된 것이었을까? 그럴 수도 있고 아닐 수도 있다. 당근이 만들어낼 이후의 행보들이 아마 그 답을 대신해줄 것이다. 그렇다면 아직은 '작은' 이 중고 직거래 서비스에서 과연 무엇을 배울 수 있을까. 나는 그 핵심에 '쪼개기'를 통한 '브랜딩'이 있다고 생각한다.

결핍과 제한이
새로운 기회를 만들다

창의성은 '풍족함'이 아닌 '결핍'과 '제한'에서 시작되기도 한다. 일본 요식업계의 전설이자 장사의 신으로 불리는 우노 다카시는 일부러 골목 깊숙한 곳, 유동 인구가 적은 곳에서 장사를 시작한다고 했다. 그 결핍이 절박함을 만들어내고, 그 절박함이 아무도 생각지 못했던 '창의적'인 아이디어와 실행으로 이어질 수 있기 때문이다. 현재 우리는 거의 모든 시장이 포화 상태인 세상을 살아가고 있다. 공급 과잉으로 인한 저성장이 앞으로 우리가 살아갈 '뉴노멀 시대'의 현실이다. 무엇을 하든 어느 업종이든 이미 시장을 선점하고 독점한 경쟁자들이 넘쳐나는 세상을 살아가고 있다.

이런 세상에서 살아남을 방법은 한 가지다. 시장을 쪼개고, 고객을 쪼개고, 제품과 서비스를 쪼개는 것이다. '당근'이 '사내 벼룩시장'과 '맘카페'를 통해 지역 기반의 거래 시장을 사업 모델로 만들었듯이. 다른 중고 거래 서비스가 결제의 편리함과 더 많은 제품과 카테고리에 집중하고 있을 때 이들은 전혀 다른 '반대쪽'의 길을 갔다. 시장을 쪼개고 또 쪼갰다. 네이버와 카카오에서 일했던 사람들이 기술이 부족해서 그랬을 리 없다. 그런 의도적인 제한이 만들어낼 새로운 시장의 가능성을 읽었기 때문일 것이다.

고민은 바로 이 부분에서 시작되어야 한다. 누구나 하는 이 서비스, 누구나 만드는 이 제품을 어떻게 쪼갤 것인가. 시장과 고객을 어떻게 쪼갤 것인가. 모든 사람이 디지털과 모바일로 촘촘히 연결된 이 시대에는 그런 방법으로 생존하는 것도 충분히 가능하다. 동네 서점과 빵집, 작은 가게의 이야기가 넘쳐나는 이유가 어쩌면 거기에 있는지도 모른다. 그러니 스스로 물어보라. 지금 내가 쪼갤 수 있는 것은 무엇인지. 그것이 브랜딩의 핵심인 '차별화'의 시작이자 당신과 고객을 연결하는 '관계'의 접점이 되어줄 것이다. 바로 거기에 작지만 작지 않은 당신의 '생존'을 위한 비법이 숨어있을 것이다.

"앱을 통해 시작된 경험들이 '관계'를 만들어내고 이는 다시 자연스러운 '입소문'을 만들어낸다. 중고 거래가 가진 '위험' 을 이토록 즐거운 '경험'으로 만들어낸 것은 과연 의도된 것 이었을까?"

불편하면 '직접' 만들어 보시든가?!

복면사과 까르네

글쓰기엔 젬병이면서도 늘 필기구엔 욕심을 부리고 있는 나를 본다. 그마저도 비싼 브랜드는 엄두도 낼 수 없어 주로 중저가의 필기구를 기웃거리곤 한다. 필기구에 집착하는 정확한 이유는 모른다. 좋은 펜이 좋은 글을 쓰게 하리란 기대를 할 만큼 어리석은 나는 아니다. 그저 뭔가를 쓰고 기록하는 과정 자체를 즐기기 때문인지도 모른다. 여하튼 나는 펜이 좋다. 그리고 그 펜의 무대가 되는 노트를 고르는 일은 언제나 즐겁다. 별로 필요하지 않은데도 핫트랙스의 펜과 문구 코너를 수시로 들락거리고, 관련 유튜버들의 리뷰를 숙독하곤 한다. 그러다 우연히 '복면사과 까르네'란 노트 브랜드를 만났다.

평범한 회사원의
오기

아무리 봐도 별 특징이 보이지 않는 이 노트가 마음에 들었던 이
유는 바로 크기와 무게 때문이다. 무엇보다 평소에 매일 쓰고 있던
세 줄 일기(정말로 세 줄만 쓴다)에 최적화된 크기와 무게라 더욱 마
음에 들었다. 3권짜리 묶음으로 파는 몰스킨MALESKIN 노트는 평소
쓰는 만년필이 뒷장에 그대로 묻어난다는 치명적인 한계가 있었다.
미도리Midori의 트래블러스 노트TRAVELER'S notebook는 너무 비쌌다.
조금 더 넓은 크기의 무지 노트는 적당한 가격 때문에 관심이 갔지
만 내구성에 의문이 들었다. 이러한 절묘한 무게 중심의 한가운데에
'복면사과 까르네'가 있었다. 아직은 큰 고민 없이 이 노트를 반복해
주문하고 있다. 주문 과정이 꽤나 번거로운 편이지만 간간히 덤을
넣어주는 창업자 '복면사과'의 마음 씀씀이에 취해 곧잘 다른 이들
에게도 추천하곤 한다. 하지만 이 노트의 매력은 그저 그 쓰임새에
국한되지 않는다.

　'복면사과'란 아이디를 쓰는 그는 한때 평범한 회사원이었다. 매
달 나오는 지원금으로 고급 문구류를 사용하던 그가 퇴직하자 뜻하
지 않은 어려움이 찾아왔다. 퇴직 후에도 같은 문구류를 구입하려니
비용과 품질에 대한 차이를 실감하게 되었기 때문이다. 특히 노트의

여러 문제점이 눈에 들어오기 시작했다. 시중에 판매되는 노트들의 문제점을 정리해서 국내외 제조 회사에 보내기 시작했다. 돌아오는 대답은 냉랭했다. 심지어 '그렇게 잘 알면 직접 만들어 보라'는 답변이 돌아오기도 했다. 그래서 그는 직접 노트를 만들기로 했다. 화학 제품이 들어가지 않은, 친환경적인 필기용 고급 용지를 생산하기 위해 여러 제조 공장들을 전전하기 시작했다.

노트 마니아가
직접 노트를 만든다면?

어렵게 수소문한 결과, 그는 머나먼 베트남에서 노트 공장을 찾았다. 오랜 기간 노트를 제작해 온 베트남 장인들과 소수 민족 여성들, 그리고 장애인들에게 노트 제작을 맡긴 것이다. 뜻하지 않게 사회 취약 계층에게 고용 기회를 제공할 수 있게 되었을 뿐 아니라 작업자와 환경 모두를 위한 친환경적 생산 공정이 자연스럽게 만들어졌다. 퇴직금으로 세운 그의 공장은 노동 집약적, 핸드 메이드, 전통적인 방법으로 노트를 만든다. 효율을 중시하는 일반 노트와는 전혀 다른 노트가 세상에 빛을 보게 되었다. 그들은 스테이플러나 본드를 이용해 제본하지 않았다. 유럽 전통 방식의 특별한 제본Back Stitched

_{Spine}으로 제작한 탓에 아날로그적인 멋스러움은 물론 내구성까지 갖출 수 있게 되었다. 자신이 좋아하는 것, 노트 마니아들이 원하는 노트가 이런 과정을 통해서 탄생하게 되었다.

이 노트는 앞뒤를 구분하기 힘들다. 그 흔한 로고나 브랜드명도 쓰여 있지 않다. 하지만 이 노트를 쓰는 사람들은 그 '이름 없음'의 이유를 알기 때문에 더욱 이 노트를 애정하게 된다. 익명의 자유로움이 더 솔직한 의견을 개진하게 만들듯이, 아무런 장식과 자기 과시가 없는 이 노트에 자신만의 '나다움'을 채울 수 있다. 게다가 노트와 펜을 좋아하는 사람이 만든 노트인 만큼 눈에 쉽게 띄지 않는 디테일에도 신경을 쓴 노력이 엿보여, 끊임없이 사용자의 '입소문'의 유혹을 자극한다. 아무런 포장이 없기에 더욱 이 노트를 '설명'하고 '자랑'하고 싶은 욕구를 자아낸다.

수줍은 노트의 이름은,
복면사과 까르네

자신의 브랜드명조차 숨길만큼 소심해 보이는 이 노트의 진짜 이름은 그래서 어쩌면 더 당차게 들리는지도 모르겠다. 너무나 얇은 탓에 한 권씩 채워 가는 소소한 즐거움이 놓칠 수 없는 매력이다.

2,000원에서 비싸도 5,000원을 넘지 않는 가격은 비용을 지불할 준비가 되어 있는 사용자들을 자못 겸손하게 만든다. 많은 사용자가 몇만 원짜리 파우치에 이 노트를 끼우고 다닌다. 어떤 물건의 가치란 이토록 조용히 그 효용의 범위를 넓혀간다. 한 번이라도 더 이름을 알리려 애쓰는 요란스러운 노트를 볼 때마다 안쓰러움과 함께 '복면사과 까르네'라는 어려운 이름을 다시 한번 곱씹게 된다.

노트는 전형적인 공산품이다. 아무나 만들 수 있고 어디에서든 쉽게 구할 수 있다. 그때의 노트는 그저 공책일 뿐이다. 하지만 종이의 질과 필기감의 미묘한 차이를 알아채는 사람들은 어디에나 있기 마련이다. 그들의 세심함이 없었다면 이토록 다양한 문구 브랜드들이, 제품들이 나오기는 힘들었을 것이다. 노트 하나에 뭘 그렇게 요란해야 하냐고 되묻는 사람들은 결코 만들 수 없는 게 브랜드다. 복면사과 까르네는 그 디테일한 필요와 욕망에 집중했을 때 어떤 브랜드가 만들어지는지를 보여주는 좋은 사례다.

"노트와 펜을 좋아하는 사람이 만든 노트인 만큼 눈에 쉽게 띄지 않는 디테일에도 신경을 쓴 노력이 엿보여, 끊임없이 사용자의 '입소문'의 유혹을 자극한다. 아무런 포장이 없기에 더욱 이 노트를 '설명'하고 '자랑'하고 싶은 욕구를 자아낸다."

우리가 미처 몰랐던 밀레니얼 세대의 라면

요괴라면

면을 좋아한다. 면으로 된 것이면 무엇이든 잘 먹을 수 있다. 전 세계의 면 요리를 탐방한 다큐멘터리 〈누들로드〉를 보며 열광했다. 짜장면은 기본이고 일본 라멘, 베트남 쌀국수, 이탈리아 파스타, 한국 안동국시까지 면 요리라면 국적을 가리지 않고 무조건 오케이다. 여름이면 삼시 세 끼 콩국수만을 먹는다는 가수 조영남을 부러워했다. 이런 내가 라면을 좋아하지 않을 리 없다. 중학생 때였던가? 어느 눈 오던 겨울날 처음 먹었던 '육개장 사발면'을 지금도 기억한다. 지금은 여러 종류의 라면을 전전한 끝에 오뚜기 순한 맛에 완전히 정착했다. 면발에 홀릭했다. 그 쫄깃함에 있어서만큼은 타사를 압도하기 때문이다. 하지만 선택지가 없어도 너무 없다. 왜 우리는 오뚜

기 아니면 농심, 삼양 아니면 팔도여야만 할까. 그런데 이런 의문을
가진 사람이 나 말고도 또 있었나 보다.

"1인당 라면 소비량 1위인 한국에 왜 독특한 라면이 없을까?"

10년 넘게 미식과 경영 스터디를 함께 즐기던 친구 5명이 있었
다. 이들이 함께 모여 나눈 대화가 이 독특한 라면의 시발점이 되었
다. 프로젝트명은 '옥토끼'로 정했다. 미국 케네디 대통령 시절 달나
라로 우주선을 쏘아 올린 뒤 '매우 대담해 보이는 프로젝트'를 의미
하는 '문샷 프로젝트'에서 따왔다. 이들의 사무실 이름은 '요괴소굴'.
패션 브랜드 앤디앤뎁의 김석원 디자이너, 디자인회사 미드플래닝
의 남이본 대표, 삼원가든 투뿔등심 등 외식업을 운영하는 SG다인
힐의 박영식 대표, 주한 미국대사관 의전보좌관 출신인 박리안 옥
토끼 프로젝트 부사장(37) 등이 아이디어를 모으고 함께 투자했다.
2017년 12월, 드디어 '요괴라면'이 정식 출시되었다. 대형마트나 편
의점에 입점하지 않고 온라인으로만 팔았다. 출시 한 달 만에 월 7만
개 이상씩 팔려 나갔다. 대만, 홍콩 등으로도 퍼져 나갔다. 유럽과 미
국에서도 수출 의뢰가 쇄도했다.

내가 먹어 본 맛은 매운 볶음맛과 간장 마요맛이었다. 불닭 볶음
면을 연상시키는 매운 볶음맛은 개성이 부족했다. 간장 마요맛은 언

젠가 먹어 보았던 일본 라면과 비슷한 맛이었다. 하지만 두 가지 버전 모두 맛에 있어서만큼은 부족함이 없었다. 면발 역시 오뚜기 라면을 떠올릴 만큼 쫄깃함이 살아 있었다. 하지만 총 7종의 요괴라면 중 가장 사랑받는다는 '봉골레맛'은 아직 먹어 보지 못했다. 신사동 냉초면맛도 정말로 궁금하다. 가격은 일반 라면의 두 배에 가까운 1,600원 정도. 그래도 가끔씩 새로운 맛을 찾아 나서기에는 무리한 가격은 아니다. 아주 가끔씩 이 비용을 치르고 새로운 맛에 도전할 용의가 내게도 있다. 하지만 여전히 떠나지 않는 의문. 사람들은 왜 이런 독특한 라면에 이 비싼 가격을 치르고 도전하는 것일까? 올해 초 삼성전자는 옥토끼 프로젝트와 함께 '갤럭시 라면'을 출시하기도 했다. 이유는 한 가지다. 요즘의 트렌드를 선도하는 20~30대 '밀레니얼 세대'를 공략하기 위해서다.

같은 제품이라도
남다르게 소비하는 방법이 중요하다

'소확행'이라는 말을 들어 보았을 것이다. 밀레니얼 세대를 표현하는 가장 적합한 표현이 아닐지. 이들 세대는 미래의 성공을 위해 지금의 행복을 포기하지 않는 세대다. '노력하면 성공할 수 있다'는 기성세대의 가치관을 '노오력'으로 비틀어 이해하고 있다. 저성장이 일반화된 작금의 시대에 더 이상 노력만으로는 다다를 수 없는 목표가 있음을 일찌감치 알아 버렸기 때문이다. 이들의 소비도 그런 성향을 그대로 따른다. 미래의 확실하지 않은 행복보다 지금 이 순간을 누리는 선택을 한다. 모두가 좇아가는 유행보다는 개성 넘치는 선택을 자기표현의 수단으로 삼는다. 페이스북, 인스타그램, 유튜브 등 SNS는 이들의 소비 성향에 날개를 달아주었다. 차는 무조건 '그랜저'가 최고인 줄 알았던 기성세대와는 비교도 할 수 없이 다양한 경로로 소비의 정보를 얻는다. 취향은 더욱 다양해지고 개성 넘치는 신인류가 지속적으로 등장한다.

옥토끼 프로젝트는 이 세대에 주목해 세상에 없던 편의점을 만들어냈다. '고잉메리Going mary'라는 감성 편의점이 그것이다. 이곳에서는 아메리카노를 900~1,900원, 셰프가 끓여 주는 요괴라면을 3,900원, 오렌지 3개가 들어간 착즙 주스를 2,500원에 판다. 연내 5개, 내년까지 20개로 늘린다는 계획이다.

"싸도 싸구려가 아닌 '소확행(작지만 확실한 행복) 트렌드'를 겨냥했다. 수익이 나지 않지만 미래를 위한 투자이다."

고잉메리를 만든 옥토끼 프로젝트의 말이다. 이렇듯 변화를 읽어내는 사람들의 세상이 우리도 모르게 도래하고 있다. 옥토끼 프로젝트의 등장은 새로운 시대의 예고편에 불과하다. 10원짜리를 50원에 파는 시대는 이미 끝났다. 제품의 품질만으로 승부하는 'Make and Sell'의 시장은 종말을 공하고 있다. 어떻게 하면 50원짜리를 51원에 팔 수 있을지를 고민해야 하는 시대다. 사람들은 이제 단순한 제품이나 서비스가 아닌 '라이프스타일을 구매한다'. 같은 제품이라도 '남다르게' 소비하는 방법에 열광한다. 이런 소비에 기꺼이 지갑을 여는 세대가 다름 아닌 밀레니얼 세대다.

요괴라면은 정형화된 라면 시장에 쏘아 올린 작지만 멋진 공이다. 옥토끼 프로젝트의 뿌리는 e커머스 업체 네오스토어다. 네오스토어는 식품 제조사와 유통 채널 사이에서 도매, 물류 관리, 마케팅 등을 연결하는 기획사 겸 대행사다. 여인호 대표가 2008년 설립했다. 그는 다음과 같은 말로 이 시대의 변화를 정의하고 있었다. 나는 요괴라면을 먹으면서 그의 말을 떠올렸다. 나는 라면을 먹고 있는 것이 아니었다. 지금의 소비 문화를 선도하는 세대들의 '라이프스타일'을 따라 하고 있었다.

"장사의 목표는 이윤을 남기는 것이라는 오래된 질서가 이미 무너지고 있다. 장사는 인간의 행동 양식에 영향을 끼치는 요소가 됐고, 요괴라면은 그 시작에 불과하다."

"제품의 품질만으로 승부하는 'Make and Sell'의 시장은 종말을 공하고 있다. 어떻게 하면 50원짜리를 51원에 팔 수 있을지를 고민해야 하는 시대다. 사람들은 이제 단순한 제품이나 서비스가 아닌 '라이프스타일을 구매한다'. 같은 제품이라도 '남다르게' 소비하는 방법에 열광한다. 이런 소비에 기꺼이 지갑을 여는 세대가 다름 아닌 밀레니얼 세대다. "

통념에 딱 하나만 더하면 새롭다

덴티넘과 뭅뭅

그는 혼자 일한다. 중국에서 생산되는 좋은 아이템을 발굴해 국내의 포털 사이트에서 판매하는 것이 주된 일이다. 그런 그가 브랜딩 작업을 의뢰했을 때 조금 뜻밖이었다. 굳이 비용을 들여서 하는 브랜딩 작업이 이 회사에 필요할까? 하지만 그의 책상에 쌓인 브랜드 관련 책을 보고 마음을 고쳐 먹었다. 은연중에 품었던 아주 조금의 우월 의식이 무색해지는 순간이었다. 나는 오랫동안 브랜딩을 글로 배웠다. 하지만 그는 브랜딩을 자신의 작은 사업에서 실천하고 있었다. 무엇보다 그는 사람들의 '필요'를 찾아내고 충족시킬 줄 알았다. 그가 히트시킨 아이템 중에 '크리스털 아이스'가 있었다. 누구나 음료를 차갑게 마실 때 얼음을 넣는다. 하지만 여기엔 한 가지 단

점이 있다. 얼음이 녹아 음료나 술이 묽어진다는 점이다. 하지만 그가 인터넷을 통해 판매하는 크리스털 아이스는 녹지 않는다. 보온병 내부에 들어가는 세라믹 재질이니 위생상의 우려도 없다.

올바른 양치를 위해
필요한 것은

또 한 가지 아이템은 잠자고 있는 반려견 인형이었다. 동그랗게 몸을 말고 누운 이 인형은 누가 봐도 진짜 반려견 같았다. 그와의 미팅을 준비하기 전 들렸던 카페에서 보았던지라 이 인형이 가진 매력을 누구보다 잘 알고 있었다. 옆자리에 앉아 있던 한 무리의 아주머니들이 연신 감탄사를 내질렀다. 아무리 봐도 진짜 강아지 같았기 때문이었다. 햇볕이 잘 드는 카페 구석에 있는 인형은 보는 것만으로도 힐링이 되었다. 이 인형을 맨 처음 수입한 사람 중 하나가 바로 이 회사였다. 비록 직접 생산을 하는 회사는 아니었지만(그럴 수도 없었지만) 사람들의 숨은 필요를 정확히 읽어내는 그의 안목에 호기심이 생겼다.

그는 다음 아이템으로 칫솔을 준비하고 있다고 했다. 세상에 없던 특별한 제품은 아니라고 했다. 다만 한 가지 특징은 매달 교체가 가능한 칫솔이라는 점이었다. 보통 칫솔은 3개월 정도를 교체 주기로 잡는다. 하지만 이 주기마저도 잊어버려 칫솔모가 닳아 없어질 정도로 오래 사용하는 사람이 적지 않다. 올바른 양치를 위해 필요한 것은 재질이 아니라 칫솔을 교환하는 주기이다. 의사들은 이 주기를 한 달 정도로 잡는다. 그는 건강한 양치의 문화를 바꾸기 위한 새로운 도전을 하고 있었다.

　나는 그에게 왜 굳이 브랜드가 필요하냐고 물었다. 그가 답했다. 브랜드가 없으니 아무리 좋은 아이템을 발굴해도 금방 경쟁자가 생겨났다고 했다. 치열한 경쟁이 시작되고 유행이나 트렌드가 사라지면 그 아이템은 바람처럼 사라진다고 했다. 그것이 안타깝고 두렵다고 했다. 자신만의 브랜드를 가지고 싶다고 했다. 한 번 히트하고 사라지는 제품이 아닌, 자신의 이름을 걸고 오랫동안 한 제품을 판매하고 싶다고 했다. 그의 안목과 진정성을 믿어보기로 했다. 약 두 달간의 작업이 끝난 후 결과물이 나왔다. '덴티넘Denteenum'이라는 이름으로 최종 결정되었다. 이 제품의 특징으로는 여러 가지가 (친환경 생분해 재질과 숯으로 된 칫솔모 등) 있었지만 한 가지에 집중하기로 했다. 바로 1년에 12번 교체하는, 양치 습관을 바꾸는 칫솔임을 네이밍에 담았다. 치아를 뜻하는 Dental과 Teeth의 조합에 1년을 뜻한 라틴어 Annum을 조합했다. 지금까지의 양치 습관이 하루 세 번, 식사 후 3분 이내에 3분 동안 양치하는 333이었다면, 이제는 여기에 12번의 칫솔 교환을 더하고 싶다는 메시지를 슬로건과 카피에 담았다. 3차에 걸쳐 수십 개의 후보안을 고민하고 또 고민한 결과였다.

새롭고 독특하게
네이밍하는 법

브랜딩을 시작하면서 맨 먼저 고민해야 할 것은 멋진 이름, 브랜드의 대표 이미지BI, Brand Identity, 회사의 대표 이미지CI, Corporate Identity가 아니다. 그에 앞서 사람들의 필요와 욕망을 읽어내는 것이 선행되어야 한다. 일상의 작은 불편, 자신도 몰랐던 가려운 곳을 긁어줄 때 사람들은 감탄한다. 반응한다. 지갑을 연다. 그것이 꼭 커다란 공장과 거미줄 같은 판매망을 가질 필요는 없다. 실제로 인터넷 상에서 수많은 소규모 기업들이 이 같은 과정을 거쳐 자신이 발굴한 제품을 판매하는 중이다. 하지만 한 가지 아쉬움은 있다. 히트 아이템을 발굴해 수명이 다하면 바로 다음 아이템으로 넘어간다는 것이다. 그 사이에 출혈 경쟁은 피할 수 없다. 이름 없는, 브랜드 없는 제품은 수명도 짧다. '덴티넘'의 작업이 의미 있었던 것은 바로 그러한 과정을 직접 겪은 작은 기업의 대표가 깨달은 브랜딩의 필요성 때문이었다. 숱한 브랜드 이론서가 말하는 브랜드의 필요성과도 일맥상

통했다. 한 가지 다른 점이 있다면 그것의 필요가 현장에서 나왔다는 점이었다.

이 작업이 끝난 후 그가 준비한 다른 아이템은 바로 홈트레이닝(홈트) 제품들이었다. 역동적인 움직임을 강조하는 네이밍을 함께 고민하던 중 문득 〈무한도전〉의 한 장면이 떠올랐다. 멤버 중에서도 가장 게으르다(?!)고 할 수 있는 박명수가 동료들을 응원하는 장면 중 '무브! 무브!'라고 외치던 장면이 생각난 것이다. 뭔가 엉덩이를 들썩거리게 하던 이 메시지를 네이밍으로 하면 어떨까 하는 생각이 들었다. 하지만 그대로 쓰기엔 너무 무난했다. 그래서 논의 끝에 이 말을 아예 한 글자의 '뭅'으로 줄이기로 했다. 영어 스펠링 역시 'moov'로 약간의 변형을 주었다. 세상에 없는 말(소니, 발뮤다, 하겐다즈도 사실은 아무 뜻이 없는 말이다.)이지만 뭔가 꾸물대는 홈트의 역동성이 나타나 재미있어 보였다. 바로 상표 등록에 들어갔다. 방 안에서라도 건강해지고 싶은, 몸을 만들고 싶은 이를 독려하는 새로운 네이밍은 이렇게 탄생했다.

인터넷은 우리에게 새로운 가능성을 열어주었다. 사람들의 가려운 곳(통점, 痛點)을 제대로 발견하고 해결해 줄 수만 있다면, 얼마든지 자신만의 브랜드를 만들 수 있는 세상이 도래한 것이다. 그러한 제품을 중국의 외딴 공장에서 찾아낼 수도 있고, 설계도를 그려 제작을 의뢰할 수도 있다. 여기에 필요한 것은 엄청난 투자가 아니다.

사람들의 숨은 필요와 욕구를 읽어내는 세밀한 관찰이다. 민감한 공감이다. 만일 자신에게 그러한 안목이 있다고 생각한다면 그런 제품을 만들거나 수입할 수 있는지 꼼꼼히 체크해 보자. 이런 과정을 통해 성공한 숨은 사업가들이 적지 않다. 여기에 한 가지 고민을 더하자. 오래도록 내 이름을 걸고 지속할 수 있는 지속 가능한 사업을 고민하는 것이다. 그때 필요한 것이 바로 '브랜딩'이다.

"나는 그에게 왜 굳이 브랜드가 필요하냐고 물었다. 그가 답했다. 브랜드가 없으니 아무리 좋은 아이템을 발굴해도 금방 경쟁자가 생겨났다고 했다. 치열한 경쟁이 시작되고 유행이나 트렌드가 사라지면 그 아이템은 바람처럼 사라진다고 했다. 그것이 안타깝고 두렵다고 했다."

사람들은 가장 자신답길 원한다

시현하다

얼마 전 지인이 동네 사진관을 찾았다. 해외여행을 위해 비자 사진을 내야 했던 긴박한 상황이었다. 아침에 문을 연 회사 근처 사진관을 찾아 사진을 찍었다. 하지만 결과물이 문제였다. 한 마디 대화도 없이 나온 사진의 결과물은 누가 봐도 조금 슬퍼 보였다. 하지만 보정을 요구하는 지인에게 사진관 주인이 뱉은 한 마디는 충격적이었다.

"…이게 본인인데요."

결국 지인은 몇 분간의 실랑이 끝에 환불을 받았다고 했다. 결과물만큼이나 사진을 완성하는 그 과정이 아쉬웠다고 했다. 그때 문득 떠오른 사진관 한 곳이 있었다. 바로 '시현하다'라는 사진관이다. 증명사진 한 장을 촬영하기 위해서 매달 치열한 경쟁을 뚫어야 하는 곳이다. 예약은 30초 만에 마감된다. 촬영을 위해 재수, 삼수하는 사람도 많다. '시현하다'에서 찍은 사진으로 주민등록증을 만드는 게 버킷리스트인 고3 학생들이 있을 정도다. 동네 사진관을 찾기 힘든 요즘에도 사진관 주인은 증명사진만 찍는다. 사진관 주인의 인스타그램 팔로워 수는 20만을 넘어섰다.

증명사진의 필요를
재발견하다

이 사진관의 주인 김시현 작가는 초등학생 때 생일 선물로 카메라를 받았다. 그때부터 키운 사진 실력으로 친구들의 학생증과 주민등록증 사진을 찍었다. 이런 경험은 잦은 전학으로 인한 어려움을 이겨내는 데 큰 도움이 되었다. 고등학교 때는 직접 졸업 앨범을 만들기도 했다. 사진학과에 입학해 사진관 언니의 꿈을 키웠다. '당신과 내가 다르다는 것을 보여 주는 것'이 사진 작업의 진짜 의미임을 대학에서 배웠다. 이후 그는 개성을 담은 증명사진을 찍는 작업을 본격적으로 시작했다.

　이곳은 상식을 깬다. 고정관념을 부순다. 그저 주민등록증이나 여권의 신분 조회를 위한 증명사진의 용도를 넘어선다. 자신의 아름다움을 직시할 수 있는 특별한 사진을 찍어 준다. 배경 컬러와 조명, 구도에 변화를 주고 그 사람의 개성을 사진에 담는다. '이 시대에 증명사진을?' 하는 사람은 올드한 사람이다. 형형색색의 배경에 담긴 일반인들의 사진은 생기가 있다. 개성이 있다. 숨은 이야기가 있을 것만 같다.

　사진관을 찾으면 김 작가와 대화를 나누며 어울리는 배경지부터 찾는다. 그다음엔 각각의 개성을 끌어낼 수 있는 표정과 구도를 찾으며 촬영을 진행한다. 그 후엔 같이 모니터를 보며 일대일로 보정 작업을 거친다. 현장에서 인화한 사진을 바로 받아볼 수 있다. 최소한에서 최대한으로. 한 사람의 개성을 '시현'하는 것이 그녀의 모토이자 슬로건이고 정체성이다.

사진을 찍은 10명 중 2명이
울고 가는 이유

　모두가 프로의 화려한 세계를 흠모할 때 그녀는 몇 평 되지 않는 자신의 작업실에서 자신만의 사진을 찍었다. 그녀는 사진만을 찍지 않는다. 인생을 옮긴다. 이곳을 찾는 10명 중 2명이 울고 간다고 한다. 자신의 진짜 아름다움을 발견하는 작업은, 그래서 오래된 동네 사진관의 증명사진과 또 다른 것이다. 눈썹이 없어도 아름답고, 다크서클을 지우지 않기를 원하는 사람을 만난다. 그 사람들의 일생이, 개성이, 가치관이, 자존감이 한 장의 사진에 담긴다.

자존감이 낮은 사람들로 넘쳐나는 이 시대다. 그럴수록 사람들은 '나다워지길' 원한다. 그런데 나다워진다는 게 뭔가. 나를 있는 그대로 받아들이는 것 아닌가. 자신의 존재와 자신이 하는 일로, 이 세상이 조금 더 좋아지게 하는 삶을 사는 것이 아닌가. 그런 사람들은 자신의 모습을 있는 그대로 대면할 수 있는 사람들이다. 그런 사람들은 에너지가 넘친다. 우리는 누구나 그 생기를, 살아있음을 느낄수 있다. 그것은 한 장의 증명사진에도 오롯이 담길 수 있다.

사진을 공부하는 사람 중 누구도 '증명사진'을 찍는 사진관 주인이 되기를 바라진 않을 것이다. 하지만 '시현하다'의 주인은 그들과 정반대의 길을 걸었다. 대신 기존과는 다른 시각으로 자신의 일을 재정의했다. 사진이 가진 기존의 용도에 매몰되지 않고 '자기다움'을 발현하는 도구로 활용했다. 자신의 직업을 재해석한 것이다. 그리고 세상은 반응했다. '남과 다른' 자신의 모습을 표현하고자 하는 열망에 목마른 이들이 이 사진관을 찾았다. 누구나 한 번은 나다운

게 뭔지를 고민하는 순간이 온다. 나는 남과 무엇이 다른가. 어떻게 달라질 수 있는가. 달라지기 위해서 무엇부터 해야 하는가. 그때가 바로 '시현하다'가 필요해지는 순간이다. '시현하다'는 그 지점의 욕망을 읽어 차별화에 성공했다. 누구도 함부로 복제할 수 없는 그만의 차별화는 지금도 현재 진행형이다.

"사진을 공부하는 사람 중 누구도 '증명사진'을 찍는 사진관 주인이 되기를 바라진 않을 것이다. 하지만 '시현하다'의 주인은 그들과 정반대의 길을 걸었다. 대신 기존과는 다른 시각으로 자신의 일을 재정의했다. 사진이 가진 기존의 용도에 매몰되지 않고 '자기다움'을 발현하는 도구로 활용했다. 자신의 직업을 재해석한 것이다."

Part 4

차별화,

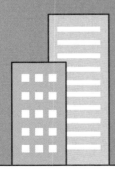

평범한 것이
비범해지는 법

SMALL BRAND

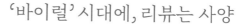

'바이럴' 시대에, 리뷰는 사양

삼분의일

흥미로운 이름의 브랜드를 만날 때면 항상 끌린다. 센스 넘치면서도 나름의 의미를 가진 이름이라면 더욱 그렇다. 곱씹어 볼수록 그 이름이 그 브랜드와 잘 어울린다는 생각이 들 때면 더욱 그렇다. '삼분의일'이 그랬다. 이들은 매트리스를 판다. 우리가 매일 밤 침대 위에 만나는 그 매트리스 말이다. 한 번은 갸웃하게 되는 이름 앞에서 '평생의 삼분의 일은 침대 위에서 보낸다.'는 짧은 설명을 듣고선 '아하' 그랬다.

분명 내부적으로 왈가왈부하는 시간이 있었을 것이다. '의미는 있지만 매트리스 이름 같지 않다'는 말도 있었을 법하고 '띄어쓰기는 어떻게 하나' 하는 디자이너의 고민도 있었을지 모르겠다. 여하튼 이 브랜드는 뭔가 '생각 있는' 브랜드임을 연상케 하는 그런 인상으로 내게 다가왔다. 그러나 아무리 이름이 의미 있고 독특하면 무엇 하겠는가. 사람들에게 사랑받지 못하고 팔리지 못한다면. 그런데 신기하게도 이 생면부지의 매트리스는 사람들에게 '팔렸다.' 그것도 짧은 시간 내에 아주 많이.

매출 50배 성장의
비밀을 찾아서

어느 날, 삼분의일의 매출이 사업 초기보다 '50배'가 팔렸다는 소문이 업계(?!)에 돌기 시작했다. 더 정확히는 그들의 블로그에서 그 소식을 들었다. 그 글을 쓴 이사는 가파르게 솟아오른 그래프를 자랑스럽게 이야기하고 있었다. 하지만 그건 마치 하늘을 향해 쏘아 올린 작은 공처럼 '주목'을 끄는 데만 성공했을 뿐이었다. 그 매출을 올리기까지의 과정이 나는 더 흥미로웠다. 그래서 페이스북 메신저를 통해 그에게 연락했다. 그리고 약속을 잡았다. 그렇게 이야기를 들었다. 쟁쟁한 침대 브랜드들을 제치고 그들만의 존재감을 이제 막 드러내기 시작한 브랜드라 더 흥미로웠다. 그리고 실제로 만난 그들의 이야기는 더 흥미로웠다.

일단 그들은 판매 채널을 최소화했다. 처음엔 '29CM'에만 입점했다. 담당 이사는 브랜드 가치를 훼손하지 않으려는 의지의 표현이라고 했다. 브랜드 가치라… 일단 그에 대해서는 천천히 묻기로 했다. 그다음 들은 이야기는 리뷰를 받지 않는다는 이야기였다. 수많은 업종의 거의 모든 브랜드가 '바이럴'을 중히 여기는 시대에. 모든 영업과 마케팅의 출발점을 '인플루언서 찾기'에 골몰하는 작금의 디지털 시대에 '리뷰'를 받지 않는다니. 심지어 어설픈 리뷰는 쓰지 말아 달라는 요청까지 한다니 기가 찼다. 하지만 그다음의 설명에 나는 고개를 끄덕일 수밖에 없었다. 형식적인 리뷰 대신 1시간 이상의 인터뷰를 부탁한다고 했다. 그렇게 올라온 고객의 후기가 250개에 이른다고 했다. 고객의 속마음을 제대로 읽기 위한 그들만의 몸부림이었다. 이 브랜드에 뭔가가 있다는 생각이 든 건 바로 그 지점에서였다.

그러고도 두어 번을 더 만났다. 공동 창업자이기도 한 마케팅 이사와의 만남이 계속될수록 머리에서 사라지지 않는 단어 하나는 '집요함'이었다. 이들은 그야말로 집요했다. 매트리스 하나만큼은 제대로 만들기 위해 모든 노력을 아끼지 않을 뿐 아니라 그 과정을 '기록'하고 '전파'하는 수고를 아끼지 않고 있었다. 우선 이들은 매우 구체적인 핵심성과지표KPI를 내부적으로 공유하고 있었다. 단순히 '내구성 좋은 폼'을 개발하는 것에 그치지 않고 '10년 이상 사용 가능한 폼'을 개발하는 것이 그들이 세운 성과 지표였다. 그저 '통기성 좋은 폼'을 개발하는 데 그치지 않고 '시중 매트리스 대비 통기성 20배의 폼 제품'을 개발하는 것에 모든 노력을 쏟아붓고 있었다. 그냥 '유해물질 없는 폼'을 개발하는 것이 아니라 '포름알데히드 배출량 0인 폼'을 개발하는 것이 그들 최고의 지상 목표이기도 했다. 하지만 이들의 집요함은 거기에 머무르지 않았다.

일하는 모든 방법을
매뉴얼화하다

담당 마케팅 이사는 그들의 일하는 모든 방법을 빼곡히 기록한 '매뉴얼'의 일부를 내게 보여 주었다. 거기에는 출퇴근 시간과 휴가 정책을 위시한 회사 규칙부터 회사 문화와 사용한 도구들, 유형별 회의 방법과 회의 필수 요건은 물론이고 제품의 생산과 협력사 관리, 운송 및 반송 방법과 고객 만족에 이르기까지의 모든 과정을 낱낱이 명문화한 후 지키고자 애쓰고 있었다. 그러니까 자신들이 누구이며, 무엇을 해야 하는지 명확하고 설명해 줄 수 있는 기준으로서의 '브랜딩'이 살아 숨 쉬고 있었던 셈이었다. 듣고 보는 나는 숨이 막혔지만 한 가지 사실만은 확인할 수 있었다. 만일 그들이 말한 대로 일하고 있다면 그 자체가 '브랜딩'의 모든 것을 보여주고 있다는 사실을 부인할 수 없다는 것을.

우리는 일생의 삼분의 일을 침대 위에서 보낸다. 따라서 침구가 우리 일생에서 차지하는 비율은 실로 어마어마한 것이라 말해도 과언이 아닐 것이다. 그런데 이 작은 매트리스 브랜드는 그 '어마어마한 시간'의 의미를 그들이 만든 제품에 담고자 했다. 그리고 그들의 '업'에 어마어마할 만큼의 '집요함'을 아로새겼다. 그들의 이와 같은 가치는 그들의 일하는 과정에 고스란히 스며들었고, 그 결과는 1,000명의 소비자에게 보낸 리뷰 요청에 300여 명이 꼼꼼히 대답하는 놀라운 피드백을 그들에게 전해 주었다.

누군가는 말할 것이다. 이들이 캐스퍼casper와 같은 온라인 매트리스 브랜드의 카피 브랜드에 불과하다고. 반은 맞고 반은 틀린 말이다. 제품과 비즈니스 모델을 카피한 것은 부인할 수 없는 것이다. 하지만 내가 주목한 건 누구든 카피할 수 있는 제품과 비즈니스 모델에 국한된 것이 아니다. 그들은 그들 나름의 '일하는 방법'을 알고 있다는 것이다. 그리고 그 일하는 방법으로 '성과'를 만들어내고 있다는 것이다. 이 글에 세세히 담지 못한 고난과 역경을 애써 전하고 싶지는 않다. 그것은 당연하면서도 지루하고 따분하기 때문이다. 하지만 자신들의 '업'에 의미를 부여하고, 그것을 눈에 보이는 매뉴얼로 만들어내며, 서로 얼굴을 붉히면서까지 지켜내는 곳들은 많지 않다. 내가 눈으로 본 '삼분의일'은 그런 브랜드였다.

"형식적인 리뷰 대신 1시간 이상의 인터뷰를 부탁한다고 했다. 그렇게 올라온 고객의 후기가 250개에 이른다고 했다. 고객의 속마음을 제대로 읽기 위한 그들만의 몸부림이었다."

제작비 대신 유지보수비

회사는 양재동 골목의 깊숙한 주택가에 자리 잡고 있었다. 정확한 메시지는 기억나지 않으나, 건물을 둘러싼 담벼락에는 거대한 그러나 경쾌한 광고가 벽면을 가득 메우고 있었다. 뭔가 비범하다는 인상을 받으며 건물 안으로 들어섰고, 그날 오후의 일을 어제처럼 생생하게 기억할 수 있게 됐다. 마치 보랏빛 소를 만난 기분이었다. 만난 사람들도, 그들이 하는 일 자체도 특별하지 않았다. 그곳은 다름 아닌 '간판'을 만드는 회사였다.

양재동 골목에서
보랏빛 소를 만나다

회사 이름은 '동부기업'이다. 누가 이 이름을 듣고 선뜻 간판 회사를 떠올릴 수 있을까? 게다가 40년 넘게 같은 일을 해 오고 있다고 한다. 명함은 나무로 만들어져 있었다. 지킬 수 없는 약속은 하지 않을 것이며, 이익을 위해 거짓말하지 않겠다는 사훈(?)이 적혀 있었다. 나는 그때까지도 이것이 빈말인 줄 알았다. 지인의 소개로 만난 대표의 이야기가 잔잔히 시작되었다.

"1976년에 아버님이 이 업을 시작하셨습니다. 주로 병원 간판을 만드셨는데 사업 방법이 좀 독특했어요. 간판 제작비를 받지 않고 대신 유지보수비를 받으셨으니까요. 초기 비용을 아끼고 싶은 병원 입장에서는 좋은 조건이었지요. 그렇게 몇십 년 이상 관계를 맺어오는 병원들이 아직도 있습니다. 그때 시작한 간판 회사 중 지금까지 유지되는 회사는 우리 회사가 유일합니다. 돈이 아닌 신뢰로 만들어진 사업이었으니까요."

신선한 이야기였다. 웅진코웨이의 렌털 서비스를 이 조그만 간판 회사가 40여 년 전에 이미 시작한 것이다. 그렇게 숱하게 들어왔던 '지속가능한 경영'이 바로 이 간판 회사에서 실현되고 있었다. 회사의 정문에는 동네 주민이라면 언제든 들어와 차 한잔하라는 메시지가 적혀 있었다. 어쩌면 그러한 사소한 배려심이 아니었다면 이 조용한 주택가에서 간판을 만든다는 것은 불가능하지 않았을까.

평범한 간판이
비범해지는 이유

회사 대표는 사무실 구석진 곳에 있는 자신의 공간으로 인도했다. 대표의 얼굴을 담은 사진이 한쪽 벽면에 즐비했다. 평소와는 전혀 다른 이미지의 다양한 표정들이 벽면을 가득 채우고 있었다. 마치 얌전한 첫인상과 다른 다양한 스토리를 가진 회사를 대변하고 웅변하는 듯했다. 다른 쪽 벽면에는 온갖 사람들로부터 받은 (상이 아닌) 편지와 메모들이 빼곡히 붙여져 있었다. 그중 하나는 대표의 어머니가 적어 주신 메시지라고 했다. 아들에 대한 사랑과 자부심이 그대로 묻어나는 따뜻한 글귀였다. 그다음 주엔 아버님과 같이 이 업을 시작하신 어르신들을 위한 식사 자리가 예정되어 있다고 했다. 관계, 신뢰, 지속가능한 경영… 이런 키워드들이 퍼즐 맞추듯 하나씩 연결되고 있었다. 글로만 읽던 관광지나 유적지를 직접 찾아가 보는 그런 기분이었다.

사무실 바로 옆에는 작업실이 있었다. 양해를 구하고 직원을 인터뷰했다. 그 직원은 또 다른 이야기로 나를 놀라게 하고 있었다.

"매주 월요일 오전이면 저희끼리 워크숍을 합니다. 매주 한 사람씩 회사의 가치 키워드를 어떻게 실천했는지 다른 직원에게 발표해야만 해요. 예를 들어 '창의성'이라는 키워드를 가지고 자신의 업무에서 어떻게 구체적으로 실천했는지를 말할 수 있어야 하는 겁니다. 그래서 이 회사를 나간 직원도 적지 않아요. 저는 어떠냐고요? 그게 유익하다는 걸 아니까 이곳에서 이 일을 계속하고 있겠지요?"

세상에 없는,
단 하나의 간판을 위해

그는 하던 일을 계속했다. 그 이야기를 들을 때와 듣고 난 후는 매우 달랐다. 평범해 보였던 간판 하나하나가 비범해 보이기 시작했다. 다시 사무실로 돌아오자 회사 대표는 그동안 자신들이 했던 작업물이 빼곡히 담긴 커다란 아이패드 하나를 꺼내 놓았다. 거기에는 내가 생전에 한 번도 보지 못했던 간판들이 줄을 지어 나타나기 시작했다. 수십 미터의 건물 외벽을 가득히 채운 '중앙선거관리위원회' 광고, 패브릭 질감인가 하고 보는 순간 어떤 곳인지 알 수 있는 양복점 '카호시Kahoshi' 간판, 좁은 이동 공간에서 측면의 시각을 배려한 '힐링톡스HEALING TALKS'의 돌출 간판… 다양한 재질과 창의적인 아이디어로 가득한 간판들이 줄을 이었다.

"제작비는 정해져 있지만 컨펌이 날 때까지 작업을 반복합니다. 그래서 때로는 마이너스가 될 때도 있어요. 하지만 고객이 오케이할 때까지 새로운 제안을 계속합니다. 단순히 돈을 버는 것이 목적이 아니라 세상에 없는, 클라이언트에 꼭 맞는 간판을 만드는 것이 진짜 목적이니까요."

이 회사는 그런 조건에도 망하지 않고 지금까지 살아남아 있다. 살아남는 것을 넘어서 번창하고 있었다. 그저 간판 회사일 뿐인데, 그 이상의 목표를 가지고 일해 왔기 때문이리라. 목표가 다르니 결과가 다르고, 그렇게 차별화된 결과물들이 단순한 간판 회사 이상의 명성을 만들어내고 있었다. 이런 게 '브랜딩'이 아니고 뭐란 말인가. 이런 회사를 평소에 만나기란 어려운 일이다. 진짜는 크고 화려한 곳에만 있지 않았다. 아무도 관심을 두지 않는 이런 잊혀진(?) 사업에서도 발견할 수 있다. 나는 또 한 번 겸손해졌다.

"목표가 다르니 결과가 다르고, 그렇게 차별화된 결과물들
이 단순한 간판 회사 이상의 명성을 만들고 있었다."

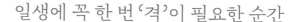

일생에 꼭 한 번 '격'이 필요한 순간

컨트롤

그날은 출판사 편집자와의 약속이 있는 날이었다. 제안을 받은 후 약 4개월 만에 계약서에 사인을 하기로 한 것이다. 생애 첫 책의 출간을 위한 날인만큼 약간은 상기된 기분으로 가방을 챙겼다. 언제나처럼 노트북과 관련 액세서리들, 노트 한 권과 책 한 권을 따로 챙겼다. 그런데 집을 나서려던 나는 문득 '사인'이란 단어가 떠올랐다. 펜이 필요하다는 뜻이잖아. 물론 가방 한쪽에는 늘 쓰던 유니 제트 스트림 볼펜이 꽂혀 있었다. 하지만 이내 고개를 저었다. 약간의 상상으로도 모양이 좋지 않았다. 그래도 첫 책의 사인인데 아무렇게나 꺼낸 볼펜으로 끄적이다니. 물론 '몽블랑' 따위는 한 번도 생각해 보지 않았다. 무슨 나라를 구할 '사인'도 아니고. 하지만 그렇다고 가방

한구석에서 꺼낸 삼색 볼펜은 아니지 않나. 그때 생각이 난 것이 '컨트롤ContRoll'이었다. '컨트롤'이란 이름의 두루마리 가죽 필통이었다.

이 필통 브랜드는 이전 회사의 동료가 대표로 있는 회사에서 만들었다. 개발의 역사는 꽤 길었다. 처음에는 노트로 시작해서 자연스럽게 필통으로 이어졌고, 벌써 7, 8년 이상 '유니타스매트릭스Unitas MATRIX'란 이름으로 노트와 문구 브랜드로 성장해 가는 중이다. 여러 문구 중에서도 유독 이 필통이 기억에 각인되어 있었는데 그건 이 회사의 대표가 보여준 몇몇 모습 때문이었다.

선택의 격을
높이고 싶을 때마다

대표는 육군 헌병 출신이다. 모든 헌병이 그렇듯이 균형 잡힌 몸매에 짧은 머리가 잘 어울렸다. 이젠 민간인인데도 목소리엔 왠지 '각'이 잡혀 있었고 모든 행동에는 조금 과하다 싶은 절제가 배어 있었다. 하루는 집들이로 찾은 그의 집에서 내용별로가 아니라 책의 높이로 각을 잡은 책장을 본 적이 있었다. 아이들 동화책이니 딱히 내용을 따질 이유는 없었지만 뭔가 '그답다'는 생각을 잠깐 한 적이 있었다.

회사에서도 크게 다르지 않았다. 어느 날은 팀장 미팅으로 모인 자리에서 옆자리에 다가와 앉더니 무슨 장인처럼 두루마리 필통을 주르륵 자기 앞에 펼쳐 놓았다. 그 필통에는 각양각색의 펜과 문구들이 역시 나름의 각을 잡은 채 진열되어 있었다. 마치 수술을 앞둔 의사 앞에 놓인 수술 기구들처럼. 어쩌면 그는, 자신이 그토록 갖고 싶어 하던 자신만의 문구 브랜드를 직접 만든 것인지도 모른다. 다른 제품들이 성에 차지 않아서 말이다.

여하튼 그 순간에 '컨트롤'이 떠오른 건 적어도 내 생에 하나의 이정표가 될 그 순간을 소중히 다루고 싶다는 남사스러운 욕심이 무의식중에 고개를 빼꼼 내민 탓인지도 모른다. 어찌 되었든 '컨트롤'은 그런 순간에 잘 어울리는 '필통'이었다. 그리고 오늘만큼은 그런 '격'에 욕심을 내고 싶었다. '컨트롤'을 꺼내 펼친 후 만년필을 꺼낸다. 그리고 그 만년필로 사인을 한다. 적어도 오늘만큼은 그런 그림을 그리고 싶었다. 나는 '컨트롤'을 꺼내 만년필을 확인한 후 다시 가방에 넣었다. 왠지 모르게 '안심'이 되는 기분이었다.

비록 실용적이지
않다 할지라도

사실 '컨트롤'은 실용적이지 않은 필통이다. 내가 하는 작업은 주로 맥북에서 시작해 맥북으로 끝난다. 간단한 메모들은 아이폰이나 아이패드로 충분하다. 굳이 노트에 쓸 때면 제트스트림 볼펜이 있다. 펜이 자주 필요하지 않고, 필요해도 볼펜 한 자루면 충분한 내게 여러 개의 펜을 꽂고 다닐 두루마리 필통이 굳이 더 필요하진 않았다. 설사 그렇다 해도 매번 사용할 때마다 두루마리를 펼치고 필요한 펜을 고민하는 과정이 내겐 불필요해 보였다. 그저 아무 데나 꽂아 두었다 꺼내 쓰는 펜 한 자루로 충분했다. 물론 가방에서 컨트롤을 꺼내 놓으면 왠지 모르게 전문적인 느낌을 준다는 매력이 있었지만 말이다.

어느 날, 스타벅스에서 밀린 작업을 하던 날이었다. 내 또래로 보이는 아저씨(?) 한 사람이 여직원을 데리고 자리를 잡았다. 목소리만 들어도 '이사급' 이상의 포스로 가득했는데 역시나 들려오는 내용을 보니 인사 담당자쯤 되어 보였다. 바로 앞의 여직원에게도, 크게 들려오는 전화기 건너편의 누군가에게도 숨길 수 없는 권위가 눈에 보이게 넘쳐났다. 사실 그건 딱히 뭐라 할 일이 아니다. 문제는 그의 벨 소리였다. 그 옛날의 '따르릉' 소리를 그대로 재현한 벨 소리가 10분을 참지 못하고 지속적으로 울려댔다. 그렇게 자주 울리면 진동으로 바꿀 법도 한데, 그는 그렇게 대여섯 번의 통화를 이어갈 동안에도 절대로 벨 소리를 진동으로 바꾸지 않았다. 마치 여전히 자신의 사무실인 것처럼.

물론 목소리는 더 컸다. 그가 지금 어떤 상황에 놓여있는지, 무슨 일로 골머리를 앓고 있는지를 대충 다 알아들을 수 있을 정도로. 카페는 자유롭게 얘기하라고 있는 곳이다. 하지만 그 모습은 그 '대화'의 경계선을 넘나드는 듯 보였다. 나는 그날 40대 중년 남자의 굵고 크게 울리는 목소리와 따르릉거리는 벨 소리에서 숨길 수 없는 '경박함'을 볼 수 있었다. 진짜 권위란 커다란 목소리와 벨 소리를 통해 주목받고자 하는 행동에서 나오지 않는다. 상대방을 위한 배려와 솔선수범, 자기희생에서 나오는 법이다. 하지만 그날 그 스타벅스의 그 '임원님'에게선 그런 아름답고 품위 있는 권위의 모습은 찾아볼 수 없었다. 그냥 욕심 많고 대접받고 싶은 '아재'로 보였을 뿐. 그건 아마도 나 역시 '아재'라서 그런 것은 아닐지.

필통과 아재의 벨 소리, 이 둘이 생뚱맞게 연결 지어진 건 다름 아닌 '격'이라는 단어 때문이었다. 실용을 중시하는 나 같은 사람에겐 꼭 필요한 것 이상의 과한 치장과 차림새가 불필요하고 불편하게 여겨질 때가 적지 않았다. 하지만 나 같은 사람도 때와 장소를 따라 '격'을 갖춰야 하는, 갖추고 싶은 순간을 종종 만난다. 내겐 첫 책의 계약을 위한 사인을 하던 날이 그랬고, 그래서 모두를 위한 카페의 공간을 마치 자신의 사무실처럼 쓰는 그 '아재 임원'을 보면서는 '이건 아니다'라는 생각이 불쑥 들었다.

인생의 컨트롤이
필요한 그 순간에

모두에게 '컨트롤' 필통이 필요할까? 아무리 생각해도 그렇진 않은 것 같다. 많은 펜을 다양하게, 자주 써야 하는 학생들에게는 '컨트롤'보다는 2,000원짜리 모닝글로리morning glory 필통이 훨씬 더 유용할 것이다. 모든 물건은 어울리는 시간과 장소가 있고 '컨트롤'이 어울리는 곳은 아마도 나 같은 현업 비즈니스맨이 한 달에 한두 번은 꼭 만나게 되는, 일과 삶에 있어 '격'이 필요한 그 순간이 아닐까 생각하게 되는 것이다. 중요한 계약이 이뤄지는 미팅의 순간이 그렇고, 오랫동안 집중이 필요한 '몰입'의 순간이 그런 때일 것이다. 앞으로의 삶을 좌우할 이직과 퇴사와 같은 순간에도 어쩌면 그 같은 '격'이 필요할지도 모른다. '컨트롤'에서 아끼는 만년필 하나를 꺼내 자신의 선택이 가져올 미래를 조용히, 그러나 신중하게 노트 위에 옮겨 써 보는 그런 순간 말이다.

'컨트롤ContRoll'은 어쩌면 인생에 있어서 '컨트롤Control'이 필요한 순간, 그 중요함의 무게만큼 '격'이 필요한 순간에 빛나는 필통이다. 뭐 어떤가. 인생의 정말 중요한 순간에는 이런 식의 허세 섞인 의미를 부여해 보는 것도 필요하지 않겠는가. 어쩌면 이 브랜드를 만든 대표에게서 보았던 것은 그렇게 자신의 모든 삶에 '책임'을 지고 싶어 했던 그의 사람과 삶을 대하는 자세가 묻어 나와서는 아니었을지. '컨트롤ContRoll'은 내게 바로 그런 브랜드다. 그날 나는 '컨트롤' 속 만년필로 사인을 하지 못했다. 너무 경황이 없어서 편집자가 빌려준 펜으로 사인을 했던 것 같다. 그러나 다음에 비슷한 순간이 온다면, 그때도 '컨트롤'을 들고 나갈 것이다.

"실용을 중시하는 나 같은 사람에겐 꼭 필요한 것 이상의 과한 치장과 차림새가 불필요하고 불편하게 여겨질 때가 적지 않았다. 하지만 나 같은 사람도 때와 장소를 따라 '격'을 갖춰야 하는, 갖추고 싶은 순간을 종종 만난다."

시간 대신 도쿄의 패션을 손목에

놋토

　도쿄 시내 외곽, 5평 남짓한 작은 시계 가게가 하나 있다. 이름은 '놋토Knot', 매듭이라는 뜻이다. 이곳은 2014년부터 오프라인 매장 없이 온라인으로만 시계를 판매했다. 맞춤 시계이다. 출시 후 첫해에 목표 판매량인 5,000개를 넘겼다. 이후 2016년부터는 매월 1만 개의 시계를 생산해야 할 정도로 수요가 폭발했다. 도쿄, 오사카, 요코하마, 후쿠오카… 2017년에는 해외에 첫 지점을 오픈했다. 놀라운 일이다. 스마트폰의 등장은 '시계의 필요'를 우리의 기억에서 지워 버린 지 오래다. 그런데도 왜 유독 놋토만은 이 같은 성장 가도를 달리고 있는 것일까? 대체 무슨 비밀이 숨어 있길래 이 시대에 다시금 시계의 필요를 다시 불러온 것일까? 그래서 드는 생각.

우리는 왜 시계를
필요로 하는가

나 역시 애플 워치를 매일같이 차고 다니지만 시간을 확인하는 일은 거의 없다. 가끔씩 진동으로 알려 주는 알람 정도를 확인할 뿐이다. 놋토의 창업자도 같은 생각을 했다. 시간을 확인하기 위한 '도구'로서의 시계 기능이 약해질 것을 너무도 잘 알고 있었다. 그래서 그는 시계를 '패션'으로 정의했다. 렌즈와 의료 기술의 발달로 안경이 도구가 아닌 패션으로 통하는 것처럼, 시계의 역할도 유사하게 변할 것을 알아차렸다. 그래서 취향을 저격하는 디자인에 집중했다. 놋토 시계는 헤더와 스트랩의 조합만으로도 5,000개 이상의 디자인을 만들어낸다.

놀라움은 여기서 그치지 않는다. 놋토는 놀랍게도 'All made in Japan'이다. 경도 1,500 이상의 사파이어 글래스, 롤렉스와 같은 유리로 만들어진다. 게다가 놋토의 모든 모델에는 일본제 고성능 무브먼트movement가 달린다. 작은 부품부터 스트랩 가죽에 이르기까지 일본산 최고의 재료와 기술을 활용한다. 이뿐 아니다. 일본의 2대 태너리tannery인 토치 가죽과 히메지 가죽을 쓴다. 세계 최고 수준의 정밀 금속 가공 기술을 자랑하는 하야시 세이키, 현존하는 몇 안 되는 전통 시계 제조 공장인 셀렉트라, 교토의 직물 장인인 쇼엔 쿠미

히모, 일본의 하이 비트 무브먼트의 자존심인 시티즌… 일본 전역에 있는 장인들과 계약을 맺고 고품질의 재료와 부품을 납품받는다. 입이 쩍 벌어진다. 가격을 생각하면 더욱 그렇다. 도대체 이런 고품질의 재료를 쓰면서 어떻게 1만 엔대(11만 원대)의 가격을 유지할 수 있단 말인가.

놋토는 도쿄 외곽에 있는 지역인 기치조지吉祥寺, 그것도 역세권에서 떨어진 골목에 첫 매장을 오픈했다. 일반적인 시계 매장의 오픈 공식에 완전히 반하는 결정이다. 비용 때문이었다. 또한 완제품이 아닌 맞춤형 판매를 통해 재고 리스크를 줄였다. '시계 브랜드의 유니클로'로 불릴 정도로 제품의 기획에서 판매에 이르기까지 전 과정을 직접 관리했다. 이 같은 일종의 SPA(Speciality store retailer of Private label Apparel) 비즈니스 모델이 유통 마진과 제반 비용의 최소화를 가능케 했다. 온라인 크라우드 펀딩을 통한 '한정판' 마케팅도 주효했다. 새로운 오프라인 매장을 열기 위해서 '영구 회원'이라는 자격을 핵심적인 리워드로 제시하기도 했다. 영구 회원에게는 평생 할인 혜택을 제공하고, 한정판 시계에 몇 번째 투자자인지를 각인해 주기도 했다.

도쿄의 감성을
손목 위에 올리다

튀는 건 싫지만 남들과 같은 건 더 싫은 '도쿄의 감성'이다. 마치 뉴요커처럼 시계를 통해 자신만의 개성을 표현하길 원하는 것이다. 그러려면 기존의 시계가 가진 여러 가지 문제를 해결해 줄 수 있어야 했다. 놋토는 시계 본체와 스트랩, 버클 등을 따로 판매했다. 오프라인 매장 방문자는 모든 시계 부품을 자유롭게 조합하고 착용해 볼 수 있다. 특별한 공구 없이도 쉽게 스트랩을 갈아 끼울 수 있다. 헤드 부분의 바늘부터 스트랩 부분의 스틸 색상까지 모두 선택이 가능하다. 모든 제품은 유리판이 없는 선반 위에 일렬로 정렬되어 있다. 웹사이트 역시 각 옵션을 선택할 때마다 조합의 결과를 이미지로 보여준다.

레드불RedBull은 자양 강장제가 아닌 '에너지 드링크'로 스스로를 재정의했다. 스와치Swatch 역시 시간을 확인하는 시계가 아닌 패션 액세서리로 컨셉을 바꾼 후에 비로소 성공할 수 있었다. 드비어스DE BEERS는 다이아몬드의 평가 기준을 더욱 세분화함으로써 기존의 경쟁자들을 따돌릴 수 있었다. 놋토 역시 마찬가지였다. 스스로를 시간을 확인하는 도구가 아닌 감성적인 패션 도구로 재정의함으로써 특별해질 수 있었다. '시계'를 만드는 경쟁자는 많다. 하지만 '도쿄의 감성'을 연출하는 일은 놋토만이 할 수 있다.

"스마트폰의 등장은 '시계의 필요'를 우리의 기억에서 지워 버린 지 오래다. 놋토의 창업자도 같은 생각을 했다. 시간을 확인하기 위한 '도구'로서의 시계 기능이 약해질 것을 너무도 잘 알고 있었다. 그래서 그는 시계를 '패션'으로 정의했다."

남다른 곳에서 남이 다루지 않은 주제로

남해의 봄날

　'통영' 하면 떠오르는 건 어느 여름날 해변에서 맛보았던 굴과 멍게의 비릿한 바다 맛이다. 그다음 떠오르는 건 밴드에서 종종 만나는 친구의 사진들. 통영에서 학원을 하는 친구는 늦은 결혼 끝에 얻은 갓 돌 지난 아들을 종종 자신의 페이스북에 올린다. 그 외에 통영에 대해 아는 것이 없다. 그런데 최근 리스트가 하나 늘었다. 바로 '남해의 봄날'이라는 이름을 가진 작은 출판사다. 바다 내음 가득한 해변에 위치한 출판사라니. 그래서 독특하다. 궁금하다.

　이 출판사의 이름을 처음 발견한 건 페이스북 타임라인 어딘가였다. 페북 친구의 친구쯤 되는 누군가가 '남해의 봄날 책이라면 무조건 산다.'라는 댓글을 남겼다. 마침 그날 서점에 들를 일이 있어서

십여 권의 책을 찾아보던 중 마지막으로 고른 것이 이 출판사의 책이었다. 책 제목은《나는 작은 회사에 다닌다》. 마침 고민하던 주제와 맥이 닿아 책장을 펼쳤다. 그날 십여 권의 책 중 구입한 유일한 책이 바로 이 책이었다.

통영 유일의 출판사,
최고상을 타다

남해의 봄날은 실제로 통영에 유일한 출판사이다. 하지만 설립자인 정은영 대표가 통영에서만 일했던 것은 아니다. 서울과 통영을 첫해에만 스무 번이나 왕복했다고 한다. 지구 반 바퀴의 거리다. 하지만 이들이 만든 책의 메시지는 단순했다. 그저 그들의 경험을 나누고 싶기 때문에 책을 만든다고 했다. 그리고 그 경험의 가치를 제대로 전하기 위해 공을 들였다. 기획에서 출간까지 길게는 2년이 걸리는 정성을 담았다. 출판사는 지역 문화의 거점이 되어 책방 북스테이를 여는가 하면 '작은 책방'이라는 서점을 실제로 열기도 했다. 2013년에는 서울의 쟁쟁한 출판사 500곳을 제치고 출판문화산업진흥원 공모전에서 최고상을 받았다.

정 대표는 건강상의 이유로 통영에 왔다가 느리게 흐르는 시간과 풍요로운 자연에 반하면서 정착할 결심을 했다. 그곳에서 하고 싶은 일을 하며 살고 싶었다. 하지만 막상 출판사를 열고 보니 유통과 마케팅의 어려움이 적지 않았다. 자연스럽게 페이스북을 적극적으로 활용하기 시작했다. 그런 콘텐츠 중 하나가 바로 '기획 노트'였다. 책 제작 과정의 숨은 뒷이야기, 제목 후보나 표지의 B컷, 책 속 인터뷰나 저자들에 대한 궁금한 이야기들을 페이스북에 올리기 시작했다. 모든 콘텐츠가 이런 형식이었던 것은 아니다. 하루는 예쁘게 타오르는 통영의 노을 사진을 올렸다. 오직 통영에서만 바라볼 수 있는 풍경에 독자들은 열광했다. 서울에 있는 사무실에서는 결코 시도해 볼 수 있는 그들만의 콘텐츠였기 때문이다.

책의 주제와 저자들을 선택하는 기준도 남달랐다. 유명 작가나 명사보다는 자신만의 철학을 가지고 자신의 길을 개척해 가는 이웃들의 이야기를 책에 담았다. 스펙 쌓기와 취업난에 지친 청년들, 대도시의 삶이 답답해진 지식 노동자, 진정성 있는 삶을 꿈꾸는 사람들, 그도 아니면 통영이나 남해와 같은 지역 자체에 애정을 가진 사람들의 이야기를 책으로 옮겼다. 내가 그들의 책에 열광한 데에는 바로 이와 같은 이유가 숨어 있었다.

남이 다루지 않는
주제를 일관되게

그들은 '남이 다루지 않은 주제'를 '일관되게' 다루고 있었고, 치열하게 고민한 흔적만큼이나 발로 뛰며 만든 '진정성'을 보여 주었다. '통영'은 촌스러움을 벗어나 유니크한 곳으로 거듭나고 있었고, 대다수의 삶보다 소수의 삶을 선택해 자신 있게 살아가는 이들의 펄떡이는 숨소리로 가득했다.

남해의 봄날은 팔릴 법하지 않은 주제들을 다룬다. 이미 성공한 대표의 인터뷰 대신 아무도 모를 법한 작은 회사의 2, 3년 차 실무자들의 고민을 담는다. 10년 미만의 오너 셰프들의 삶을 취재하는가 하면 그들의 회사가 자리 잡은 통영에 관한 책들도 '서슴없이' 만들어낸다. 통영 인근의 이름 모를 섬 부엌의 메뉴에, 서울을 떠나 통영에 정착한 요리 평론가의 삶까지 이른바 '마이너'한 '리포트'로 포트폴리오를 채우고 있다. 그리고 그 이유조차 선명하다. 책을 만드는 이들이 이미 그런 삶을 살고 있어서다.

일주일이 지나지 않아 다시 서점에 들러 이 출판사의 모든 책을 찾아 들었다. 재고가 없는 한두 권의 책을 제외하고 다양한 장르의 책을 모아 한달음에 읽었다. 구본형의 자기계발서를 읽듯, 김애란의 소설집을 사듯, 말콤 글래드웰의 사회심리학 책을 고르듯 무조건적인 신뢰의 리스트에 출판사의 이름이 올랐다. 물론 너무나 개인적이고 주관적이고 맹목적이며 혹 일시적인 선택일 수도 있으리라. 하지만 브랜드의 탄생 역시 이처럼 미미하면서도 찰나적인 선택에 의해 일어나는 현상이다. 어떤 이의 첫인상이 그러하듯이. 중요한 건 그 첫인상에 걸맞은 일관된 행보가 이어질 수 있느냐다. 그래서 나의 이 브랜드에 대한 신뢰도 딱 거기까지다. 대신 지켜 보고 응원하고 때로는 소심한 댓글로 그 초심을 되물을 것이다.

"그들은 '남이 다루지 않은 주제'를 '일관되게' 다루고 있었고, 치열하게 고민한 흔적만큼이나 발로 뛰며 만든 '진정성'을 보여 주었다."

트렌드 대신 한 가지의 본질에만

밀도

성수동 골목 초입에는 '밀도Meal°'라는 빵집이 있다. 2015년 여름, 두세 평이 채 되지 않을 것 같은 이 작은 빵집을 처음으로 만났다. 공간이 너무 협소한 탓이었을까? 조금씩 대기자 줄이 길어지기 시작하더니 결국엔 이곳의 식빵을 사는 일이 전쟁이 되고 말았다. 근처에 사무실이 있었음에도 제때 빵을 사는 일이 거의 불가능할 정도였다. 그다지 빵을 즐기지 않는 나도 호기심이 생겼다. 그 호기심은 결국은 오기가 되었다. 몇 번의 실패 끝에 어렵사리 빵을 사 들고 가니 아내의 반응이 놀라웠다. 어릴 때 부모님이 빵집을 운영했던 아내는 빵 맛을 알았다. 맛있다고 했다. 남다르다고 했다.

하지만 나는 또 한 가지 다른 이유로 이 빵집에 끌리고 있었다.

무엇보다 이름이 매력 있었다. 앞의 글자 '밀meal'은 빵의 원료인 밀을 뜻했고, 뒤의 '도'자는 온도를 나타내는 기호로 표시되었다. 제빵에 적합한 온도를 보여주는 듯했다. 밀meal 영문 표기의 앞글자 M자를 강조해 식빵 전문점임을 시각적으로 보여 주었다. 두 글자는 어우러져 '밀도' 있는 촉감도 함께 의미하고 있었다. 별도의 설명 없이도 유추 가능한 네이밍이었다. 이 빵집에 눈길이 갔다. 뒷조사를 시작한 것은 그때부터였다.

오직 하나의 빵에
집중하기 위하여

아니나 다를까 이 빵집에도 스토리가 있었다. 밀도의 창업자는 도쿄 제과 학교 출신으로 9년간이나 경기도 용인에서 '시오코나CIO. CONA'라는 풀 베이커리를 운영했다. 하루에 100종 이상의 빵과 쿠키, 케이크를 만들었다. 하지만 여러 종류의 빵을 다양하게 만들다 보니 각각의 빵에 충실할 수 없었다. 빵 하나하나에 정성을 쏟기란 현실적으로 불가능했기 때문이었다. 그래서 선택한 것이 식빵이었다. 모든 빵의 기본이면서도 제대로 된 한 끼 식사가 될 수 있다는 점이 그의 마음을 끌었다. 그는 연구에 연구를 거듭했다. 밀가루 하나도 허투루 고르지 않았다.

그가 만드는 식빵은 청정 지역에서 생산된 밀가루와 전라도 통밀을 블렌딩blending해 사용한다. 특히 원재료를 선별하는 데 많은 공을 들인다. 어떤 산지의 밀을 어떻게 배합했느냐에 따라 식감과 풍미가 달라지기 때문이다. 거기에 무지방 우유가 더해진 밀도의 식빵은 담백하고 쫄깃한 식감을 자랑한다. 생크림을 넣어 고소함과 부드러움을 더한 '리치 식빵'은 밀도의 베스트셀러로 자리 잡은 지 오래다. 그는 초심을 잃지 않기 위해 이미 10개를 훌쩍 넘어선 모든 매장을 직영으로 운영한다.

그는 유행을 따르지 않고 오랫동안 만들 수 있는 빵을 고민했다. 한 가지의 '본질'에 충실하기를 원했고, 그 대상이 바로 식빵이었던 셈이다. 그리고 이런 그의 선택은 시장의 필요와 맞아떨어졌다. 사람들이 이제 기성복 같은 천편일률적인 빵집에 식상해하고 있었기 때문이다. 사람들은 맛만 있다면 골목 깊숙이 숨은 이름 없는 빵집도 찾아 나서기 시작했다. 그런 개성 넘치는 가게들이 모이면 골목 자체가 유명해졌다. 하지만 '밀도'가 그런 계산을 두고 빵집을 열었는지는 확인할 길이 없다. 중요한 것은 '한 가지'를 선택했다는 점이었다.

수백 년을 이어가는
브랜드의 비밀

일본에는 전 세계적으로 공인된 가장 오래된 기업이 있다. 사찰을 수리하는 '곤고구미金剛組'라는 회사다. 서기 578년에 설립된 이 건설 회사는 역사 그 자체로 기념비적인 브랜드로 남아 있다. 세계에서 두 번째 오래된 회사도 일본의 호텔 브랜드 '호시료칸法師旅館'이다. 이 회사는 718년에 설립되었다. 일본에는 200년, 300년 된 브랜드들을 흔하게 볼 수 있다. 그리고 대부분의 회사는 단 하나의 제품이나 서비스를 대를 이어 지속해 간다. 50년만 되어도 탄성이 나오는 우리나라 기업들과는 비교 불가의 경쟁 상대다. 이러한 역사를 넘어설 또 다른 차별화가 간절한 이유가 바로 여기에 있다.

과연 그런 브랜딩에 왕도가 있을까? 한 가지 메뉴에 집중한다는 것은 매우 위험한 전략이다. 식빵에 열광하는 트렌드가 사라져도 '밀도'는 그 고집을 이어갈 수 있을까? 우후죽순 생겨나는 수많은 식빵 전문 브랜드들의 도전을 견뎌낼 수 있을까? 이때 필요한 것이 바로 'Why'이다. 그가 이 식빵 전문 빵집을 고민했던 데에는 분명한 이유가 있었다. 이미 100여 종 이상의 빵을 만들어 본 경험이 있었기 때문이다. 단순히 트렌드를 따른 것이 아니었다. 식빵을 시작한 선명한 이유가 있었고, 그에 따르는 수많은 시행착오가 있었을 것이다. 그리고 그 이유가 앞으로의 고난이나 영광에도 변함없이 이 이름을 지킬 힘이 되어줄 것이다. 하나를 선택하기는 쉽다. 그러나 그것을 지켜가는 것은 생각보다 어렵다. 그리고 바로 그 지점에서 브랜딩은 시작되는 것이다.

"그는 유행을 따르지 않고 오랫동안 만들 수 있는 빵을 고민했다. 한 가지의 '본질'에 충실하기를 원했고, 그 대상이 바로 식빵이었던 셈이다."

Part 5

디테일,

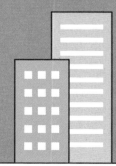

작은 것에서부터의 브랜딩

SMALL BRAND

커피 골목 전쟁 중 '먹을거리' 하나

카페 오랑쥬

대학 시절 가장 존경하던 은사는 TV 출연이 잦거나 하는 유명한 교수님은 아니었다. 학점이 후하거나, 엄청난 수강생을 몰고 다니거나 유머러스하지도 않았다. 대신 어떤 환경에서도 빠진 수업은 칼같이 보강을 하고 찔러도 피 한 방울 나오지 않을 냉정한 얼굴로 오직 '수업'에만 열중하던 교수님이었다. 나뿐 아니라 다른 학생들도 마찬가지. 매 학기 끝마다 이어졌던 교수 평가 결과를 보고 우리가 만든 결과이면서도 우리 스스로 놀랐던 경험이 지금도 생생하다.

미혼의 여성 교수였던 그분이 어느 날인가는 자신의 소박한 꿈을 살짝 내비쳤는데, 은퇴 후엔 자신만의 딸기밭이나 혹은 카페를 하고 싶다는 궁서체의 수줍은 고백이었다. 우리는 또 한 번 함께 놀랐고, 교수님은 '수업'을 할 때가 가장 아름다울 뿐 아니라 가장 교수님답다는 암묵적인 결과에 이르게 되었다. 딸기밭은 말할 것도 없고 카페조차도 결코 장난이 아님을 때문은 우리 학생들은 이미 알고 있었기 때문이다. 하지만 사바나의 정글이 생경하지 않은 이 살벌한 생존 경쟁이 그 교수님을 포함한 많은 이들에겐 여전히 낭만의 영역으로 남아 있음도 부인할 수 없는 사실이다. 그렇지 않다면 이토록 많은 카페들이 날마다 용감하게 오픈할 이유가 전혀 없지 않은가.

왕좌의 게임같은
골목 전쟁 속에서

'카페 오랑쥬Cafe L'ORANGE'는 충무로역 대한극장에서 도보 3분 거리의 뒷골목에 자리 잡고 있다. 건축공학과를 나와 인테리어 일을 하던 카페 주인은 자신이 공사하던 꽃집 옆의 작은 공간을 눈여겨봤다. 그리고 카드 대출과 가족 찬스의 도움을 얻어 여러 가지 과일 이름의 후보 중에서 '오랑쥬'라는 예쁜 이름의 카페를 오픈하기에 이르렀다. 그리고 8년이 지난 지금, 이 작은 카페는 여전히 그 이름과 공간을 지켜내고 있다. 하지만 아는 사람은 알 것이다. 이런 작은 규모의 카페 하나를 유지하기 위해 얼마나 혹독하고 지난한 여름과 겨울을 지내왔을지.

"카페가 막 오픈했을 때는 스타벅스 하나, 커피빈 하나 그리고 다른 카페 하나가 전부였어요. 그런데 1년이 지나지 않아 카페들이 하나 둘씩 생겨났죠. 바로 맞은편에 두 배 크기의 카페가 들어섰고, 또 얼마 지나지 않아 가격은 훨씬 싼데 맛까지 좋은 테이크아웃 커피숍이 생겼죠. 문만 열면 바로 경쟁자가 있는 셈이었어요. 그 기분은 겪어 보지 않은 사람을 알 수가 없죠."

미국 드라마 〈왕좌의 게임〉을 떠올리게 하는 이 골목 전쟁은 잠시 휴지기에 접어들었다. 오랑쥬 바로 앞에 있던 경쟁 카페는 옆에 있던 테이크아웃 커피숍에 밀리다가, 커피 외에도 관심이 많은 새로운 주인이 들어왔다. 그 전 주인은 테이크아웃 커피숍에 늘어선 줄이 보기 싫어 가게 앞문을 가리는 블라인드를 달았다고 한다. 가격이 싼데다 원두까지 남달랐던 테이크아웃 가게는 그보다 더 싼 테이크아웃 가게들의 등장으로 기세가 꺾인 상태였다. 그러니 궁금해진다. 이 서너 평 남짓한 작은 카페 오랑쥬는 무슨 재주로 그 치열한 전쟁의 생존자가 될 수 있었을까?

"어느 날 단골들이 먹을거리를 찾기 시작했어요. 커피와 함께 먹을 케이크 종류를 찾았죠. 첫 번째 선택은 코스트코 치즈 케이크였어요. 처음엔 3,000원에 팔다가 원가 때문에 500원을 올렸죠. 그러자 거짓말처럼 재고가 쌓이기 시작했어요. 카페에서 팔 수 있는 케이크의 상한가를 알게 된 셈이죠. 낙담하던 차에 아내가 제과 학원을 다니기 시작했고, 몇 번의 메뉴 변경 끝에 롤케이크를 팔기 시작했어요. 집에서 만든 케이크는 한 롤밖에 가져올 수 없었는데, 한 롤에서 나올 수 있는 11조각이 오전이 지나기 전에 다 팔렸어요. 점점 소문이 나기 시작했어요. 도대체 무슨 케이크이길래 보기도 전에 다 팔리냐고요."

충무로 배용준이 만든 롤케이크 한 조각

충배롤의 탄생은 이렇게 간단했다. 하지만 모든 성공에는 우연한 이유들이 존재하는 법. 도지마롤을 연상시키는 이 예쁜 크림 롤케이크에 특별한 이름이 붙으면서 이 평범한 가게의 수명을 연장시키기에 이른다. 이 롤케이크의 이름은 '충배롤'. 카페 단골이던 동국대 학생과 교수들이 카페 주인에게 '충배', 그러니까 '충무로 배용준'이라는 별명을 붙여 주면서 이 롤케이크 역시 '충배롤'로 불리기 시작했다. 카페 주인 스스로야 남부끄럽다는 이유로 '충무로 베리굿 롤'로 설명을 고쳐 붙였다지만 이미 알 만한 사람은 다 아는 '충배롤' 은 이렇게 탄생했다. 가격까지 착한 이 작은 롤케이크 하나가 '차별 화'가 절실하던 카페 생존의 가장 큰 힘이 되었다.

그 과정에 어떤 대단한 전술이나 전략도 없어 보이지만 만일 주 인이 동국대 학생들과 교수들의 마음을 얻지 못했다면 아마 이런 이 름도 얻지 못했을 것이고 지금의 충배롤도, 오랑쥬도 존재하지 못했 을 터. 그런 사연을 듣고 주인의 얼굴을 바라보니 남자인 나도 절로 고객을 끄덕이게 된다. 언제나 차별화의 요소는 내부에 있는 법이다.

거리를 밝히던 가로등 하나 없었던 8년 전에 비해 지금 카페 오 랑쥬가 있는 골목은 걷기 좋은 밤거리가 되었다. 주로 누가 오냐고 물으니 주인장의 답변이 비교적 상세하다. 물 흐르듯 흐르는 단골에 대한 설명이 놀라울 정도로 디테일하다.

"요 근처에 아주머니들에게 소문난 파스타 맛집이 네 군데 있어 요. 그 외에 다른 맛집도 하나 있는데 그곳에서 1차를 마친 아주머니 들이 저희 가게를 찾죠. 한때는 대기업 사원 교육을 위한 인화원이 있었고 근처 동국대 학생들 중에도 단골이 많은 편이에요."

소소한 소통의 에너지가 만든
이야기 한 조각

그 이야기를 듣고 가게 안을 훑어 보니 빼곡히 꽂힌 포인트 카드들의 행렬이 시야를 어지럽힌다. 커피 한 잔과 부담 없는 가격의 롤케이크 한 조각. 그리고 외모는 물론 목소리까지 배용준을 연상시키는 훈남 주인과 이 작은 가게 뒤에는 아마도 8년간 이어진 밀도 높은 사연들로, 의도하지 않은 브랜딩 히스토리들이 켜켜이 쌓였을 것이다. 그저 살아남기 위해 원두를 고민하고, 가격을 흥정하고 무료 쿠폰의 횟수까지 경쟁하던 8년 전쟁을 지나 여전히 그 자리를 지키고 있는 이 작은 카페 주인과의 수다 뒤에서 과연 우리는 무엇을 배울 수 있을까.

얼마 전 아내와 같은 교회를 다니는 친구가 대기업에 다니는 남편의 보너스로 작은 카페를 하나 열었다. 하지만 3개월이 채 지나지 않아 카페는 다시 시장에 나왔다. 아내를 통해 전해들은 그 친구의 푸념을 듣고 있자니 대학 시절 교수님의 딸기밭과 카페를 향했던 순수한 동경의 표정이 20년을 훌쩍 넘긴 지금에 와서도 선명하게 떠오른다. 그때의 교수님은 진지했다. 아마 그 친구의 결심도 진지했을 것이다. 하지만 카페는 그 정도의 진지함으로는 유지할 수 없다. 수많은 선택지 앞에서 뚜렷한 차별화 요소가 없다면 아무리 작은 카페도 3개월을 넘길 수 없고 결국 다음과 같은 푸념을 남긴 채 문을 닫게 될 것이다.

"차라리 내가 카페 알바를 하는 게 낫지."

오래 가는 카페는 어떻게 만들어지는 것일까. 그 다음 8년을 이어가려면 무엇이 있어야 할까. 그것은 '수업'에 있어서는 양보가 없었던 그 교수님의 엄격함일 수도 있고, 커피를 향한 식지 않는 애정이나 사람을 향한 무한한 호기심과 애정일 수도 있다. 그것이 무엇이든 절대 놓쳐선 안 되는 것은 그 답은 언제나 가게의 주인에게 있다는 사실이다.

주인장의 훈훈한 외모와 사람들에게서 '별명'을 끌어낼 수 있었던 소소한 소통의 에너지, 그리고 그것이 오롯이 담길 수 있었던 작은 롤케이크 한 조각. 이것이 '카페 오랑쥬'만의 자기다움이자 경쟁력이라고 믿는다. 그리고 그것은 컨설턴트의 조언을 통해 만들어진 것이 아니라 주인장의 치열한 고민과 시도 끝에 발견되어진 것이므로 지속가능한 생명력을 지니게 되었다고 믿는다. 바로 그것이 카페 오랑쥬의 가장 큰 차별화 요소이자 지속가능한 경영을 위한 자산이라 믿는다. 우리는 그것을 '충배롤'이라 부른다.

"거리를 밝히던 가로등 하나 없었던 8년 전에 비해 지금 카페 오랑쥬가 있는 골목은 걷기 좋은 밤거리가 되었다. 주로 누가 오냐고 물으니 주인장의 답변이 비교적 상세하다. 물 흐르듯 흐르는 단골에 대한 설명이 놀라울 정도로 디테일하다."

혼밥이 유행하기 전부터 묵묵히 '음소거'

지구당

가끔은 혼자 밥 먹고 싶을 때가 있다. 그 누구의 눈치도 보지 않고 영화관의 스크린에 몰입하고 싶을 때가 있다. 얼마 전까지만 해도 한국에서 좀처럼 허용되지 않는 일이기도 했다. 물리적으로 불가능하진 않지만 대단한 용기가 필요했다. 대학 시절, 혼자 다니면 엄청난 루저가 된 것처럼 보일까 봐 서너 명씩 몰려다니곤 했다. 회사 생활을 오래 했어도 혼자 밥을 먹는 건 뭔가 설명이 필요한 특별할 날에만 허용되었다. 그런 시대를 살았던 내가 1인 기업이 되어 두 건의 미팅을 마치고 '홀로' 찾은 식당이 하나 있다. 바로 '지구당'이다.

의도치 않게
트렌드에 오르다

매해 연말이면 서점에는 트렌드 관련 책이 넘쳐난다. 소확행, 언택트, 워라밸, 케렌시아… 불황이 일상화되고 삶은 점점 더 분절화되는 트렌드는 사람들의 소비 생활에 적지 않은 흔적들을 뚜렷이 남기고 있었다. 그중 하나가 마트와 편의점에 넘쳐 나는 1인 가구들을 위한 도시락과 포장된 간편식들이다. 혼밥을 넘어 혼술과 혼행, 혼캠이 일상화되었고, 더 이상 혼자 무언가를 하는 일이 루저가 아닌 평범한 라이프스타일로 자리 잡았다. '지구당'은 시대를 앞서 이런 변화를 일찌감치 읽어낸 브랜드이다. '지구당'의 이름이 혹시 '지구력'에서 온 것은 아닐지 의심해 볼 정도로 완벽하게 지금의 트렌드에 부합하는 브랜드가 되었다.

이곳을 처음 찾았던 그때만 해도 손님들을 인터폰으로 확인하는 불손함과 내 돈 내고 밥 먹는데 수다도 떨지 못하는 불편함을 감내해야 하는 지구당의 시스템(?)이 이해되지 않았다. 맥주도 한 잔 이상은 시킬 수 없고, 세 사람 이상은 아예 받으려 들지 않는 그들의 고집을 별스럽게만 생각했었다. 어쩌다가 한 번쯤은 말없이 한 끼의 식사, 그 자체에만 오롯이 몰입하며 번잡스러운 생각을 정리할 수 있는 이런 곳이 한 곳쯤은 있으면 좋겠다는 생각이 들 때도 있었다.

하지만 그때는 이런 식당의 모습이 하나의 트렌드가 될 줄은 예상치 못했다. 그렇다면 이런 의문이 든다. '지구당'은 과연 지금의 이런 변화를 미리 읽고, 서울대입구역 근처 십여 평 남짓한 부동산 옆 골목에 식당을 냈던 것일까? 글쎄다. 그저 그들은 그들이 원하는 모습으로, 그들의 방식대로 일하고 있는 것은 아닐지.

심야식당에서의
한 끼의 경험

많은 브랜드가 그들이 의도치 않은 트렌드에 올라타 성공 가도를 달리곤 한다. 그들에게 성공 비결을 물어보면 '그저 열심히 했다'는 답을 듣는 경우가 많다. 그래도 무슨 다른 이유가 있겠지 싶어 물어보면 또다시 '성실함' 정도의 답만 들을 수 있었다. 그런 경우엔 취재나 인터뷰하는 입장에선 난감해진다. 도무지 쓸거리가 없기 때문에. 하지만 지금 와서 돌이켜 보면 화려한 답변을 하는 이들이 가짜였고, "글쎄요…" 하며 인터뷰어의 속을 태우던 그들이 진짜였다. (모두가 그렇진 않지만) 화려한 언변으로 자신의 비즈니스 무용담을 몇 시간이고 읊어대던 이들의 브랜드는 몇 년 후 좋지 않은 뒷소문을 남기며 사라지는 경우가 많았다. 하지만 머리를 긁적이며 뜸을

들이던 이들은 작지만 튼튼한 브랜드로 남거나 성장하고 있었다.

지구당은 후자에 속한다. 묵묵히 있는 그 자리에서 자신들의 방식을 고수했다. 손님들을 가려 받는 까다로움과 큰소리와 수다를 허용치 않는 이상한 엄격함, 일주일에 두 번 바뀌는 단 하나의 메뉴, 정적 속에서 오로지 한 끼 식사 이외의 다른 것을 허용치 않는 '심플함'은 한때 인기 있었던 〈심야식당〉의 늦은 식사를 떠올리게 한다. 그 드라마에서 주인장과 손님의 수다만을 '음소거'한 모습이 바로 지구당의 모습이다. 중요한 것은 어떤 이유에서건 그런 불편과 불친절을 감수하는 손님들이 있다는 것이다. 그리고 그런 사람들이 점점 더 늘어나고 있다는 점이다.

일하는 방식의 차이가
브랜드를 만든다

많은 이들이 변화를 읽고 그 변화에 적응하는 법을 배우기 위해 '트렌드' 책을 읽는다. 필요한 일이다. 누군가에게는 필요한 지식이다. 하지만 변하지 않는 한 가지는 그 트렌드도 결국 돌고 돈다는 것이다. 그래서 그런 변화와 상관없이 자기 삶의 방식을 찾아내고 묵묵히 그 삶을 지키는 사람이 더욱 차별화되는 것인지도 모르겠다.

강원도의 원목만을 갈고 닦아 8만 원짜리 비싼 도마를 만들어내는 '은곡도마'의 장인은 과연 지금의 트렌드를 예상하고 그 일에 평생을 바칠 수 있었을까? 그 도마에 음식을 올리고 사진을 찍으면 누구라도 작품을 만들 수 있다는 사실을 알고 도마를 깎고 또 깎았을까?

아닐 것이다. 그저 그 일의 가치를 스스로 발견하고 즐거움과 보람에 남은 삶을 걸었을 것이다. 그러다가 평생 한 번 오는 트렌드의 파도에 올라탔을 것이다. 세상을 읽는 안목과 식견도 필요하겠지만 결국 '지구력'이 필요한 일이다. 누군가 알아주지 않아도 그 일의 가치를 스스로 누릴 수 있는 사람의 특권은 아닐지. 트렌드 책 몇 권을 읽고 세상의 흐름을 읽고 돈을 벌려는 사람들에게는 요원한 능력일 것이다.

"'지구당'은 과연 지금의 이런 변화를 미리 읽었던 것일까? 글쎄다. 그저 그들은 그들이 원하는 모습으로, 그들의 방식 대로 일하고 있는 것은 아닐지."

'일하는 방식'이 행복한 브랜드를 만든다

스킨미소

"이 가게는 당신을 닮았어요."

한 일본인이 핀란드(더 정확히는 헬싱키)의 어느 골목에 식당을 낸다. 주메뉴는 '오니기리'. 왜 하필 주먹밥이냐는 질문에 식당 주인은 어린 시절의 기억을 무심히 꺼내 놓는다. 엄마가 없는 집에서 아빠가 일 년에 단 두 번, 그러니까 운동회와 소풍 때 도시락을 싸 주었는데 그 메뉴가 바로 오니기리였다고.

어느 날, 남편이 왜 집을 나갔는지 영문도 모른 채 혼자 남겨진 핀란드 여자가 이 식당을 찾는다. 술 한 잔을 마시고 쓰러진 그녀를 식당 주인과 종업원(?)들이 정성스레 간호하고 이야기를 들어준다. 심지어 말도 통하지 않는 채로. 그렇게 그들은 친구가 되고 함께 사우나를 가는 사이가 된다. 그때 핀란드 여자가 지나가듯 한마디를 던진다. 이 식당은 당신을 닮았다고. 영화를 다 보고 나면 그제야 고개를 끄덕이게 된다. 이 가게는 정말로 주인을 닮았구나. 메뉴 때문이 아니라, 맛 때문이 아니라, 인테리어 때문이 아니라, 바로 손님과 메뉴와 자신의 삶을 대하는 그 자세 때문이라는 것을 깨닫게 된다. 그 가게는 바로 영화 속에 등장하는 〈카모메(갈매기) 식당〉이다.

이와 비슷한 가게(브랜드)가 하나 있다. '스킨미소SKINMISO'라는 브랜드다. 심지어 매장도 따로 없는 조그만 화장품 브랜드다. 몇 년 전 햇볕이 참 좋은 어느 카페에서 이 가게(?!)의 대표를 만났다. 내가 한 강의를 우연히 듣고 자신의 브랜드 스토리를 정리해 주었으면 한다고 했다. 아쉽게도 회사에 매인 몸인지라 대표가 제시한 조건으로는 그 일을 할 수는 없었다. 그 일이 있고 난 뒤 2년도 더 지나 회사를 나오게 되었고, 맨 먼저 그 가게를 찾았다. 대표는 그대로였고 회사는 조금 더 커졌지만 여전히 작은 브랜드였다. 자초지종을 설명하고 여전히 그 일이 필요하냐고 물었다. 바로 그날부터 일을 시작했고, 그 결과 작은 브랜드북 하나를 만들게 되었다.

미생의 주인공이
화장품 사업을 한다면…

이 가게의 주력 상품은 '코팩'이다. 멋지게 콧수염을 기른 대표는 원래 대기업 상사에서 전자 제품 관련 무역 일을 했다. 서울역 앞 대우 빌딩, 그러니까 드라마 〈미생〉의 배경이 되었던 그 건물에서 일하던 수많은 '미생' 중 한 사람인 셈이다. 하지만 그는 당시 취급하던 전자 제품들의 짧은 수명이 내내 마음에 걸렸다고 했다. 불과 1, 2년이 지나면 옛것이 되어 버리는 전자 제품보다 좀 더 오래, 길게 할 수 있는 일을 찾아 나섰고 바로 그렇게 찾은 아이템이 화장품이라고 했다. 하지만 당장 자신의 화장품을 만들고 브랜드를 만드는 것은 요원한 일이었다. 대신 다른 회사의 제품을 팔아 주는 온라인몰을 열어 화장품 사업을 시작했다. 개중에는 모공을 깨끗이 관리하기 위한 피지 제거기도 있었다. 플라스틱으로 조잡하게 만든 그 피지 제거기가 전자 제품의 부품을 다뤘던 콧수염 대표의 눈에 걸리기 시작했다.

"좀 더 잘 만들 수 있지 않을까 생각했어요. 사람마다 모공의 크기가 다르니 양쪽의 크기를 다르게 하면 어떨까 생각했죠. 그리고 무엇보다 위생이 가장 중요하니 보관까지 가능하면 더 좋지 않을까 생각했어요."

스테인리스 재질로 만들어진, 양쪽의 크기가 다르게 디자인된, 보관까지 가능한 깔끔한 새로운 피지 제거기가 그의 손을 통해 탄생했다. 아무도 거들떠보지 않던 아주 작은 시장이었지만 그는 정성을 다해 제품을 개선했다. 그리고 이 제품에 어울리는 새로운 조합을 고민하기 시작했다.

"그냥 피지 제거기만 달랑 보내드리는 게 아쉬웠어요. 그래서 함께 보내드릴 제품이 무엇이 있을까 고민하기 시작했죠. 마침 함께 쓸 수 있는 코팩 제품이 눈에 띄어 개중 제일 나은 제품의 한 회 분을 고객들께 보내드리기 시작했죠. 그런데 한두 달을 그렇게 지켜보니 코팩 제품의 아쉬운 부분이 또 눈에 들어오더라고요."

아무도 돌아보지 않는
작은 시장에서

지금 생각하면 아찔한 제품들이지만 당시의 코팩들은 물을 묻힌 후 코에 붙이고 마르면 떼어내는 방식이었다. 사용법은 간단했지만 피부에 좋을 리 만무한 제품들이었다. 피지를 떼어 내면서 주변의 피부까지 한꺼번에 당기는 방식이었기 때문이다.

"건강한 방식으로 피지를 제거할 방법을 계속 고민하기 시작했어요. 국내에 있는 제품들은 물론이고 해외의 제품들까지 모조리 찾아다니며 조사하기 시작했죠. 그러다 마스크팩 형태가 가장 효과가 좋다는 사실을 알게 됐어요."

그때부터 진짜 고민이 시작되었다. 아이디어를 바탕으로 국내의 몇몇 제조사와 이야기해 봤지만 화장품 관련 경험이 전무한 회사의 제안에 관심을 두는 제조사는 한 군데도 없었다. 오랫동안 수소문한 끝에 직원의 친구가 연구원으로 일하는 제조사를 겨우 찾을 수 있었다. 이런저런 설명을 하고 샘플 제품을 받기로 했다. 첫 샘플은 기대하던 수준에 조금도 미치지 못했다. 그렇게 테스트 결과를 받고, 다시 테스트하는 과정을 거쳐 드디어 원하는 수준의 제품을 얻을 수 있었다. 무려 8개월의 시간이 지난 후였다.

"기존의 코팩은 오로지 피지를 제거하는 데에만 신경을 쓴 제품들이었어요. 저희는 피지를 뽑은 후 '케어' 과정까지 신경을 쓰기로 했죠. 처음엔 피지를 제거하고 그 과정에서 넓어진 모공을 조여주고, 그 후 다시 분비되는 피지까지 관리해 주는 에센스까지 넣었어요. 사실상 모공 관리를 위한 3단계 제품을 최초로 만든 셈입니다."

그렇게 나온 코팩 제품은 기대 이상의 시장 반응을 끌어냈다. 피지 제거기와 코팩 제품이 서로를 보완하는 시너지 효과를 만들면서 '티켓 몬스터'에선 전체 카테고리에서 최고의 매출을 기록하는 기적 같은 일이 일어나기도 했다. 2015년엔 유명한 뷰티 유튜버 중 한 명인 '미셸 판'이 꼽은 그해의 기초 화장품 하나로 꼽혀 소개되기도 했다. 그 어떤 제안도 없이 순수하게 그의 손으로 고른 제품이라 더욱 의미 있는 결과였다.

아무도 신경 쓰지 않는 피지 제거기에서 시작된 그의 행보가 실제로 주류 화장품의 한 부분을 당당하게 담당하게 된 것이다. 콧수염 대표는 여전히 몇 종류의 기초 화장품만을 만든다. 한 제품이 성공하면 이런저런 다른 제품 개발에 열을 올리는 여타의 화장품 회사들과는 확실히 다른 행보다. 이유가 궁금해서 물어보니 약간은 싱거운 대답이 돌아왔다.

"트렌드나 계절에 따라 이 제품 저 제품을 만드는 일은 하고 싶지 않아요. 꼭 필요한 제품들을 정성스럽게 만들고 싶거든요. 한 번에 큰 변화를 만들어내는 제품보다는 가장 좋은 하나의 제품을 만들고 싶어요. 그게 이 일을 시작한 이유니까요."

6시 1분은
6시가 아니다

그 후로도 코팩 제품은 두어 번의 개선 작업을 거쳤고, 최근 들어 2세대 제품으로 업그레이드되었다. 자극은 크게 줄인 반면, 3단계의 제품이 하나의 포장으로 만들어져 언제 어디서든 코 주변의 모공을 깨끗하게 관리할 수 있다. 면봉 형태의 일회용 피지 제거기와 단계별로 기능을 담은 꼼꼼한 배려가 돋보인다. 마치 가게 주인의 마음을 담은 〈카모메 식당〉의 주먹밥처럼. 밥과 김과 연어 혹은 매실과 연어를 넣은, 화려함이라고는 눈을 씻고 봐도 찾을 수 없는 단출한 메뉴. 하지만 그 메뉴를 대하는 사람들의 마음은 여느 화려한 식단이 부럽지 않을 만큼 풍요롭다. 그 안에 사람과 사람을 이어주는 진심과 정성이 담긴 배려가 살아있기 때문이다.

스킨미소는 이제 10살이 안 된 여전히 작은 회사이다. 직원 수도 손에 꼽을 정도로 작다. 하지만 역삼역 근처의 사무실을 찾아가 보면 〈카모메 식당〉에서 마주했던 여유로움을 한껏 느낄 수 있다. 사무실은 조용하고 깨끗하며 넓은 창 앞 테라스에선 따뜻한 햇볕이 기분 좋게 들이친다. 직원들은 월요일 10시에 출근하고 한 달에 한 번은 '해피 런치'로 근처 맛집을 찾는다. '6시 1분은 6시가 아니다.'라는 슬로건(?) 아래 칼퇴근이 보장되고 재충전을 위한 연차가 무려 한 달에 이른다. 가끔은 '공간 이동 근무제'로 미술관 옆 카페에서 업무를 보기도 한다. '속도'보다 중요한 건 '방향'이라는, 주변 사람들은 다름 아닌 '확장된 나'라는 대표의 철학 때문이다. 마치 〈카모메 식당〉에서 이런저런 사연으로 함께 모여 일하게 된 주인공들처럼.

그렇다. 회사가 작은 규모이니까 가능한 일이다. 철학도 좋지만 매출이 생명인 비즈니스가 가진 숙명을 이 회사라고 해서 비껴가진 않는다. 근래 들어 기존 제품의 리뉴얼과 신제품 출시 때문에 이들 역시 1년 전보다는 훨씬 더 빠르게 일하고 있는 것만큼은 부인할 수 없는 사실이다. 하지만 회사의 생존과 매출을 위해 정색하고 일하는 일은 앞으로도 당분간은 없을 것 같다. 직원들은 자신들의 해피 런치와 공간 이동 근무의 질적 향상을 위해 '놀먹쉬금 리스트'를 개발 중이다.

작지만 행복한,
행복한 브랜드로 사는 법

'놀고먹고 쉬는 금요일'을 위한 이 리스트는 어쩌면 〈카모메 식당〉이 우리에게 가르쳐 준 몇 가지 지혜를 현실에서 실현하고픈 핵심 가치이지 않을까 생각해 본다. 식당의 본질이 음식에만 있는 것이 아니라 그곳을 찾는 사람들의 관계와 소통에 있다는 것. 화장품의 본질 역시 단순히 예쁘고 화려해지는 것이 아닌 건강한 피부 그 자체에 있다는 것. 그리고 자신만의 속도와 방식으로 삶을 살아갈 때 몸도, 마음도, 피부도 건강해질 수 있다는 것, 이것을 이 작은 브랜드는 항변하고 있는 것은 아닐까.

스킨미소는 수백 수천 억의 매출을 올리는 거대한 브랜드는 아니다. 건강한 피부를 위해 할 수 있는 가장 최소한의 기초 화장품들을 파는 곳이다. 그러니 〈카모메 식당〉의 마지막 장면처럼 손님들로 북적이는 작지만 따뜻한 브랜드로 살아남아 자신의 속도로 성장해 갈 것이다. 그리고 이런 브랜드들이 더 많아져야 한다. 오밀조밀 작은 식당과 가게들로 북적이는 연남동의 골목길처럼 작지만 개성 있는 사람들이 저마다의 방식으로 공존하며 자신의 꿈을 현실에서도 실현해 갈 수 있는 곳, 트렌드와 상관없이 자신의 스타일을 지켜가는 곳, 그런 곳들이 많아지는 것이 이 시대에 필요한 건강한 브랜드 생태계를 만들어 갈 것이다.

"'속도'보다 중요한 건 '방향'이라는, 주변 사람들은 다름 아
닌 '확장된 나'라는 대표의 철학 때문이다."

'업의 격'을 높이면 브랜드가 된다

슬림엠

처음 만난 날, 그는 스파게티와 와인을 대접했다. 두 번째 날은 순두부를 먹었다. 둘 다 가장 자신이 가장 좋아하는 음식이라고 했다. 네다섯 번 만나는 동안 언제나 최고의 식사를 했다. 그는 내가 제시한 금액이 오히려 적다고 했다. 이 모든 것이 처음 접한 신기한 경험이었다. 이런 갑들만 세상에 존재한다면 무슨 근심, 걱정이 있을까. 그렇게 나는 그의 새 책 《아름다움을 욕망하라》(라의눈, 2018)의 한 챕터를 쓰는 계약을 했다. 사족 같은 글이었으나 굳이 함께하고 싶다는 그의 결심의 결과였다. 그는 신사동에서 에스테틱숍 '슬림엠 slimM'을 운영한다. 그는 언제나 흰색 테의 안경을 쓴다. 그의 이름은 박정현이다.

그의 대접은 약속을 잡은 날부터 시작됐다. 미팅 날짜를 잡고 보내온 문자에는 슬림엠으로 가는 거의 모든 교통편과 상세한 안내가 설명되어 있었다. 눈을 감고도 찾아갈 수 있을 정도였다. 과하다 싶을 정도의 친절이 단순한 서비스가 아니라는 걸 아는 데에는 물론 시간이 조금 걸리기는 했다. 그러나 빙산은 그 일각을 사람의 눈에 보이는 법이다. 이런 세심함은 그가 하는 일과 인생, 관계의 모든 곳에 전이되고 있었다. 나는 정말 좋은 글을 쓰고 싶었다. 그의 배려에 대한 나의 화답이 최고의 수준이기를 바랐다. 그만큼 그의 진심은 강력했고 위력적이었다. 그와 함께 일해 본 사람은 모두가 이 사실을 인정할 것이다.

빙산의 일각조차
아름다울 수 있다면

그는 자신의 하는 일의 격을 높이길 원했다. 단순한 마사지 서비스가 아닌, 지치고 힘든 현대인을 위한 전인격적인 스파숍과 에스테틱숍을 세상에 선보이고 싶어 했다. 그래서 그녀는 매년 수백 명을 모아 콘퍼런스를 열고 아카데미를 열어 그녀만의 노하우를 전수하는 중이다. 분명 크게 돈 되는 일은 아니지 싶었다. 오히려 자신의 것을 내어주는 시간과 희생이 훨씬 더 크리라 생각했다. 하지만 그 일을 하는 그는 '살아있는' 사람이었다. 여러 번의 만남이 반복되면서 듣게 된 개인사로 인해 그 감탄은 존경의 마음으로 옮겨가고 있었다. 나와는 전혀 다른 업의 일을 하는 사람인데, 그 업을 바라보는 내 시각이 완전히 달라진 건 오롯이 그의 일과 삶 그 자체 때문이었다.

숍을 찾아 마사지 서비스를 받았다. 난생처음 받는 서비스에 몸둘 바를 몰라 하던 나는 그전에 참 많이도 고민했다. 굳이 이런 민망한 서비스를 받아야만 글을 쓸 수 있단 말인가. 하지만 그의 단호한 한 마디에 받았던 마사지의 충격은 지금도 가시지 않는다. 그날 나는 처음으로 나의 피로도를 체크할 수 있었다. 단 40분의 서비스만으로도 이해할 수 있었다. 왜 그토록 많은 사람이, 절대 저렴하지 않은 비용을 지불해가며 그 서비스를 받으러 오는지. 난생처음 몸과 마음이 동시에 이완되는 여유와 평안을 느낄 수 있었다. 그건 단지 몸의 피로를 푸는 서비스가 아니었다. 나는 그 40분 동안 '깊게' 쉴 수 있었다. 사람의 손길은 몇백만 원의 기계가 주는 이완의 경험과는 완전히 달랐다. 나는 이 업이 왜 이 땅에 필요한지를 몸소 체감할 수 있었다.

왜 업의 격을
높여야만 하는가

업의 격은 그와 함께 일하는 사람을 통해서도 완성되고 있었다. 슬림엠의 직원들은 다른 곳보다 꽤 높은 수준의 대우를 받는다. 아무리 말로 이 업이 '가치 있다.'고 웅변한들 무슨 소용이 있겠는가. 해외에서는 이 업이 얼마나 대우받는 직업인지 말한들 무슨 상관이 있단 말인가. 직원들은 보수와 대우로 자신의 가치를 확인할 수밖에 없는 법이다. 그래서인지 슬림엠 직원들이 일하는 방법은 아주 조금, 때로는 아주 달랐다. 차 한 잔 내올 때도 상세한 설명이 곁들여졌고, 서비스를 받는 모든 순간은 철저히 훈련되고 통제된 모습이었다. 손님들과 필요 없는 말들은 일절 섞지 않았다. 그들이 일하는 방법은 수백 페이지의 매뉴얼로 매일 구체화하고 있었다. 심지어 매뉴얼을 인쇄하니 너무 두꺼워 8포인트의 글로 인쇄할 정도였다.

일례로 메르스가 전국을 강타하던 시절에도 슬림엠엔 손님이 끊이지 않았다고 했다. 그 이유는 이곳의 화장실만 둘러봐도 안다. 이곳 화장실은 3시간 단위로 청소가 이뤄지니까. 곳곳에 걸린 청결도 체크 표만으로도 강박적인 위생 관념이 훤히 들여다보일 정도였다. 이렇게 그들은 치열하게 일하고 있었다. 그 정도의 노력이면 그만한 대가가 당연하다는 생각이 들었다. 무엇보다 그들은 자기 일에 자부심이 있었다. 자연스럽게 다른 곳과 달리 장기 근속자들이 많았다. 나는 그것이 당연한 결과라 생각했다.

슬림엠 대표는 프랑스 유학파이다. 유학 과정은 단 한 푼 도움도 없이 결심한 길이라 고난의 연속이었다. 거기서 그는 '톨레랑스'의 참뜻을 배웠다고 했다. 단순한 '관용'이 아닌 오랫동안 인내와 실천으로 얻어진 기개Grit임을 웅변했다. 그의 작은 몸이 숱한 관록으로 단단해진 이유도 바로 그 때문이었다. 그는 프랑스 대사관에서 '독하게' 일하는 법을 배웠다. 테제베(TGV, 프랑스의 고속전철)의 도입 과정에도 번역과 동시통역의 일로 함께 했다. 그러나 상대방을 향해서는 그 독함을 버리고 한없이 부드러워져 있었다. 내가 받은 모든 식사와 대접은 그런 그녀의 '독한' 경험에서 여과된 '부드러움'의 결과이기도 했다.

타인의 삶을
전인격적으로 돌보는 것

일에서만큼은 절대적으로 프로인 그였다. 신사동 골목 깊숙한 곳에 있는 그의 숍에는 언제나 최신식 설비와 서비스들이 실시간으로 업데이트된다. 그가 방송에 자주 출연하고 네다섯 권의 책을 출간한 이유로 바로 그 프로 의식 때문일 것이다. 마케팅에 관해 쓴 그의 책은 내가 하나의 교본으로 여길 정도다. 불필요한 수사가 하나도 없는 생생한 비즈니스의 모습이 그대로 담겨 있기 때문이다. 그러니 선입견을 버리고 보아야 한다. 흔히 만날 수 있는 마사지숍의 원장이 아니기 때문이다. 그는 한 사람의 인생을 전인격적으로 holistic 돌보는 숨은 리더에 가깝다. 그는 세상의 편견이나 오해에 개의치 않고 자신의 '업'을 만들어 가고 있었다. 그러니 자연히 벌떼처럼 사람들이 모일 수밖에. 그의 삶 자체에서 나오는 향기에 매료될 수밖에.

그의 부친이 한국의 방송사에 기록될 만큼 대단한 사람인 것도, 그의 동생이 관록의 영화 감독인 것도, 지금은 치매에 걸리신 모친을 극진히 모시는 어려운 상황인 것도 모두 나중에 알게 된 사실이었다. 그리고 이 모든 겸손과 인내의 산실이 결국 그의 높은 자존감에서 온 것임을 나도 이제는 안다. 그 결과로 나 역시 조금 더 겸손해졌다. 내 일을 사랑하게 되었다. 할 수 있는 한은 나에게 엄격하며, 가능한 한은 남에게 관대할 수 있게 되었다. 그가 보여주는 전인격적인 돌봄을 실천하기란 쉽지 않지만, 고객을 감동하게 하는 가장 강력하고 효과적인 방법임이 틀림없다. 그의 삶이 그 사실을 여실히 보여 주고 있다.

"그녀는 매년 수백 명을 모아 콘퍼런스를 열고 아카데미를 열어 그녀만의 노하우를 전수하는 중이다. 분명 크게 돈 되는 일은 아니지 싶었다. 오히려 자신의 것을 내어주는 시간과 희생이 훨씬 더 크리라 생각했다. 하지만 그 일을 하는 그는 '살아있는' 사람이었다."

매장, 광고, 할인 없는 '3무 경영', 신뢰를 높이다

에버레인

2010년, 스물다섯 살의 청년 마이클 프레이스만은 잘 다니던 벤처 캐피탈을 그만두었다. 대신 창업을 선택했다. '에버레인Everlane'이라는 패션 브랜드였다. 이유는 간단했는데, 왜 7달러짜리 셔츠가 50달러에 팔리는지 도무지 이해할 수 없었기 때문이다. 그런 그의 회사는 2010년 설립한 이후 6년 만에 기업 가치 2억 5천만 달러(약 2,800억)를 넘어서고 있다. 전형적인 성공 스토리라 식상한가? 조금만 더 얘기를 들어보자. 일반적인 회사의 성공 방식과 다른 길을 갔기 때문이다.

이 회사는 '3무 경영'이 특징이다. 매장, 광고, 할인이 없다. 이른바 급진적 투명성Radical Transparency을 모토로 한다. 투명하게 팔아보자, 원자재 가격이 내리면 가격도 내리겠지? 스물다섯 살의 청년이 던진 이 결심과 질문이 수억 달러짜리 브랜드를 만들어냈다. 이제 조금 흥미로워졌다고? 세 가지 정도로 요약해서 조금 더 자세히 이 회사를 알아보자.

첫째,
가격의 투명성

이들은 진짜로 원가True Cost를 공개한다. 25달러짜리 이너웨어 한 장당 원재료비는 4.79달러, 인건비 3.7달러, 관세 98센트, 운송비 50센트로 총 원가는 10달러 정도이다. 여기에 이윤 15달러를 더해 판매가가 책정되었다. 소재와 부자재, 공임을 더한 가격에 보통 2.3~2.6배를 곱한 가격이 판매가가 된다. 이 모든 정보는 소비자들에게 공개된다. '뭐지? 이 자신감은?' 하고 놀라는 새에 우리나라에도 비슷한 브랜드들이 생겨났다. 칸투칸과 브라켓디바이BRACKET D.BY 같은 브랜드들이다. 가격의 투명성은 곧장 소비자들의 신뢰로 이어진다. 일은 안 하고 원가 계산만 한 것 아닌가 싶은 의구심을 가진 채 일단 에버레인 웹사이트에 쓰인 그 이유를 한번 보자.

"우리는 고객이 제품을 생산하는 데 필요한 비용을 알 권리가 있다고 생각한다."

이들은 가격을 공개하는 이유를 이렇게 웅변한다. 솔깃한 말이다. 해마다 반복되는 커피의 원가 타령도 지겨운 요즘이다. 그래서 이들의 급진적인 투명성에 다시 한번 매력을 느낀다. 믿음은 둘째 치고 생각이 신선하다. 일말의 의심은 남겨 두고 나머지 두 가지 이유를 들어보자.

둘째,
제조 과정도 투명하다

아는 사람은 알겠지만 유니클로는 절대로 자신들의 공장을 공개하지 않는다. 어느 일본 작가는 이 점을 추적해 열악한 환경에서 일하는 중국 노동자들의 현실을 고발하기도 했다. 유니클로의 놀라운 가격이 누군가의 희생으로 인한 것이라는 점은 꼭 사실 확인을 거치지 않더라도 미루어 짐작해 볼 수 있다. 이와 반대로 '에버레인' 이야기로 돌아가 보면 이들은 직원 수와 근속 기간, 근무 환경, 사내 복지 제도까지 모든 것을 공개한다. 미국, 중국 등 공장 위치를 공개하는 것은 기본이다. 그들이 처음으로 '데님'을 생산할 때는 적합한 곳을 찾아 베트남까지 찾아갔다. 에버레인과 같은 철학을 가진 공장을 찾기 위해서다.

"모든 소비자가 자신이 입고 있는 옷이 어디에서 어떻게 온 것인지 잘 모른다. 사람들은 점점 이 옷이 어떻게 만들어졌는지 그 과정에 대해 알기를 원한다."

그들의 철학은 공허하지 않다. 이 데님 공장에서 나온 물은 마실 수 있을 정도로 혁신적인 정화 공정을 만들어냈다. 이뿐 아니다. 란제리 공장으로 낙점을 받은 스리랑카의 마스MAS라는 공장은 타 공장보다 월급이 높은 것은 물론이고, 직원들을 위해 교육과 의료 지원, 금융 상담까지 해 준다고 한다. 이 또한 급진적이지 않은가?

하지만 이쯤 되면 꼭 딴지를 거는 사람들이 생기게 마련이다. 미국도 마찬가지였다. 에버레인이 중시하는 투명성에 대해 사람들은 '그냥 잘 팔려고 쇼하는 거지?'라는 의심의 눈길을 주었다. 하지만 데님을 출시하는 과정을 보며 이런 비판들은 순식간에 사라졌다. '진짜배기'가 만든 제품에는 너그러워지는 게 사람의 마음이기 때문이다.

셋째,
트렌드를 읽는 눈이 있다

속옷 브랜드하면 떠오르는 브랜드는? 단연코 빅토리아 시크릿 VICTORYA'S SECRET 아닌가. 하지만 섹시한 이미지, 속옷을 입은 천사 등으로 대변되던 란제리 시장의 광고 이미지는 이제 촌스러운 것이 되었다. 란제리를 대하는 소비자들의 태도가 바뀌고 있다. 예를 들어 평범한 소녀들을 모델로 내세운 에어리 Aerie 는 승승장구 중이다. '웰빙 란제리'라 불리며 주목받는 중국의 네이와이 NeiWai 도 같은 전략이다. 실제 사이즈 모델, 건강한 이미지의 광고가 가장 세련된 것으로 인식되는 시대가 도래했음을 '에버레인'도 잘 알고 있었다. 그래서 이들은 '미니멀 디자인'을 선택했다. 그래서 섹시함에서 탈피한 새로운 스타일의 란제리를 만들어낼 수 있었다.

"우리는 속옷이 섹시하게 보이거나 레이스로 장식될 필요가 없다고 생각했습니다. 우리는 전적으로 재단과 모양에 중점을 두었습니다. 진정한 아름다움은 당신이 어떻게 느끼는지에 관한 것이지 당신이 어떻게 보이는지에 관한 것이 아니라고 믿습니다."

밀레니얼 세대의
욕구를 읽어라

'에버레인'은 우선 양보다 질을 추구하는 '밀레니얼 세대'를 이해하고 있었다. 이 점이 그들을 패스트 패션이 아닌 슬로 패션으로 용기 있게 옮겨가게 했다. 또한 고객이 무엇이 원하는가에 대한 본질적인 질문과 해답이 있었다. 공급자가 아닌 소비자 시각에서 접근할 수 있었기 때문이다. 또한 그들은 '철학'에 매이지 않았다. 앞서 얘기한 3무 경영 중 오프라인 매장을 하나 열면서 철학에 함몰되지 않는 또 한 번의 급진적인(?!) 모습을 보여주었다. 적어도 말만 번드르르한 기업은 아니라는 생각이 절로 드는 지점이다.

세상이 변하고 있다. 소비자들은 똑똑해지고 있다. 그에 맞춰 기업들도 달라지고 있다. 에버레인을 들여다보면 이전의 회사들이 가진 나름의 원칙과 관례들을 판판히 깨는 데서 그들의 사업이 시작되었음을 알 수 있다. 이는 상상력이 필요한 부분이다. 소비자가 어떻게 달라지는지 알아야 기업도, 브랜드도 달라질 수 있으니까. 이런 회사들은 점점 더 많아지고 있다. 흥미로운 부분이다. 하지만 '지속 가능성'을 염두에 두어야 한다. 새로운 비즈니스 모델의 창조자가 될지, 찻잔 속의 태풍으로 그치고 말지는 아직 좀 더 지켜보아야 한다.

"그들은 양보다 질을 추구하는 '밀레니얼 세대'를 이해하고 있었다. 이 점이 그들을 패스트 패션이 아닌 슬로 패션으로 용기 있게 옮겨가게 했다."

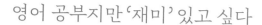

영어 공부지만 '재미' 있고 싶다

토요원서미식회

매주 토요일 아침이면 마음이 분주해진다. 오전 9시까지 여의도역 3번 출구 근처에 있는 한 카페로 가야 하기 때문이다. 버스와 지하철을 거쳐 주말 아침의 한산한 여의도 거리를 걸어 카페의 문을 연다. 약 십여 명의 사람들이 카페 한쪽을 차지한 채 열심히 책을 읽고 있다. 책들은 모두 원서다. 수준도 제각각이다.

그렇게 한 시간의 시간이 흐르면 영어 강사가 학습법을 소개한다. 1분 동안 원서를 읽은 후 단어의 개수를 헤아린다. 보통 원어민들의 읽는 속도는 분당 200단어 이상, 하지만 나는 100단어를 조금 더 읽을 수 있을 뿐이다. 내가 원어민들의 말을 이해하기 힘든 이유가 비로소 분명해진다. 영어 원서를 함께 읽자는 모임은 이런 이유로 시작되었다. 함께, 즐겁게 그러면서도 전문적인 가이드에 따라 영어를 학습하기 위해서다.

이 모임의 시작은 아주 작은 단톡방에서 시작되었다. 매일 다섯 개의 영어 문장을 강사님이 올려 주었다. 놀라운 것은 어려운 단어가 하나도 없다는 사실이었다. 누구나 알만한 단어들의 조합인데도 바로 써먹을 수 있는 표현들로 가득했다. 나중에 안 사실이지만 그는 이 문장들을 뽑기 위해 적지 않은 시간을 투자한다고 했다. 미드에서, 영화에서, 원서에서, 쉬우면서도 필요한 문장을 찾는 일이 쉽지 않다고 했다.

30, 40대가
영어 공부를 하는 이유

그렇게 6개월의 시간이 흘러 50강을 넘었을 때는 파티를 했다. 100강 500개의 문장이 쌓이면 연말 파티를 하기로 했다. 그때는 그동안 학습한 문장으로 퀴즈 대회도 열기로 했다. 단톡방이 들끓기 시작했다. 하루가 다르게 사람이 늘더니 200명을 바라보는 적지 않은 모임이 되었다. 그때쯤 영어 원서를 함께 읽자는 아이디어가 단톡방에 퍼지기 시작했다. 이 모임을 주최자인 '성봉영어'의 이성봉

강사가 네이밍을 의뢰해 온 때가 바로 그즈음이었다. 그때부터 고민이 시작되었다. 우리는 왜, 무엇 때문에 영어를 공부하려 하는가. 입시도 취업도 아닌 30, 40대의 영어 공부는 또 어떤 이유로 시작되어야 하는가.

타임지를 습관처럼 끼고 다니던 시절이 있었다. 온종일 CNN 방송을 듣기도 했다. 군대에서는 팝송으로 영어를 공부했다. 하지만 영어 실력은 늘 제자리였다. 졸업하고 회사에 다니면서 영어와는 더욱 멀어졌다. 브랜드에 관한 글을 쓰기 위한 조사는 후배들에게 맡겼다. 더듬더듬 해석이 가능한 수준으로 자료를 조사하기에는 시간이 아까웠기 때문이었다. 맡은 일의 성격이 달라지면서부터는 영어와 더욱 멀어졌다. 그러던 어느 날 첫째 아이의 영어 시험을 도와주던 순간 한 가지 다짐을 했다. 매일 다섯 개의 영어 단어를 외워 보기로.

다른 삶의 방식으로
살아 보고 싶다

그렇게 시작한 영어 공부는 3년을 이어갔다. 이제는 TV에 나오는 인터뷰를 알아듣고 생활 영어 정도는 가능한 수준이 되었다. 하지만 정작 필요는 그때부터 시작되었다. 외국 사람들의 이야기를 글로 쓰고 싶어졌다. 나이가 들면 이태원으로 나가 그들과 맥주 한 잔을 기울이는 삶을 꿈꾸기 시작했다. 그들은 우리와 무엇이 같고 무엇이 다른지, 왜 그들은 우리보다 더 자유롭게 당당하게 사는 것처럼 보이는지 궁금해졌다. 또 다른 삶의 방식을 받아들여 변화를 주도하고 싶어졌다. 그제야 영어 공부는 선명한 목표로 다가오기 시작했다.

네이밍에 대한 고민이 계속되었다. 무엇보다 친근하고 일상적이었으면 했다. 영어가 공부가 아닌 '함께 하는 즐거움'을 표현할 수 있기를 바랐다. 그때 문득 미식회란 아이디어가 떠올랐다. 잘 조리된 음식을 함께 나누며 웃고 즐기는 미식회, 영어를 그와 같은 시간과 장소에서 마주할 수 있다면 얼마나 좋을까? 매주 토요일에 만나는 시간을 명시하고 싶었다. 원서를 읽는 것이 아니라 맛보는 개념에 접근하고 싶었다. 그렇게 여러 가지의 네이밍을 고민한 끝에 '토요원서미식회'라는 간결하고 명료한 하나의 네이밍이 완성되었다. 그마저도 줄이면 토미. 매주 토요일 아침, 토미에 참석하는 즐거움을 표현하고 싶었다. 무엇보다 내가 이곳에서 원하는 바, 나이를 먹고 나서도 영어를 공부해야 하는 우리의 본질적인 이유를 이름에 담고 싶었다. '토요원서미식회'라는 이름은 그렇게 이 세상에 나올 수 있었다.

영어는 공부하는 것이 아니라
대화하는 것이다

그러던 어느 날, 모임에 참석하던 한국인 에리카가 미국인 남자 친구 이안을 데려왔다. 어찌어찌하다 보니 이안과 함께 점심을 겸상하는 상황이 펼쳐지고 말았다. 등에서 식은땀이 났다. 에리카마저 화장실에 가고 없을 때는 울고 싶은 심정이었다. 하지만 이내 마음을 가다듬고 이안과 다소 위험한 '대화'를 시작했다. 야구를 좋아하냐고 물었다. 매일 메이저리그를 챙겨보던 내게 이안은 시크하게 'No'라고 답했다. 하지만 부산에서 영어를 가르치는 그는 롯데의 경기를 보러 간 적이 있다고 말했다. 한화 팬인 나는 두 팀이 꼴찌를 달리고 있다고 친절하게 설명해 주었다.

그가 사는 곳은 캐나다와 인접한 미시간주, 한국에 온 지는 4년, 부산에서 영어를 가르친 지는 8개월째라고 했다. 여자 친구가 있는 서울은 어떠냐고 물었더니 더 이상 학원을 옮기고 싶지 않다고 했다. 그러던 그가 포털 사이트를 검색해 가면서 5분에 걸쳐 한 가지 질문을 어렵게 꺼냈다. 마침 먹고 있던 꼬막 비빔밥과 함께 나온 미역국을 보고 그가 물었다. 혹시 오늘 누가 생일이라서 그런 것이냐고. 그제야 나는 마음을 놓을 수 있었다.

내게 영어는 학습이나 정복의 대상이 아니었다. 함께 그리고 즐겁게 인생을 논하는 멋진 모임이길 원했다. 먹고 마시고 웃고 떠드는 미식회이길 바랬다. 그 염원을 담은 네이밍이 바로 '토요원서미식회'였다. 이 네이밍의 시작은 이렇듯 영어를 공부하고자 하는 이의 본질적인 '욕구'에 대한 탐험에서부터 시작되었다. 네이밍은, 브랜딩은 그래야 한다. 매슬로의 인간 욕구 5단계 이론을 굳이 들먹일 필요도 없다. 우리가 지갑을 여는 순간은 언제나 명확하다. 내가 알고 있는, 혹은 모르고 있었으나 간절했던 욕구를 충족시킬 수 있을 때다.

"나이가 들면 이태원으로 나가 그들과 맥주 한 잔을 기울이는 삶을 꿈꾸기 시작했다. 그들은 우리와 무엇이 같고 무엇이 다른지, 왜 그들은 우리보다 더 자유롭게 당당하게 사는 것처럼 보이는지 궁금해졌다. 또 다른 삶의 방식을 받아들여 변화를 주도하고 싶어졌다. 그제야 영어 공부는 선명한 목표로 다가오기 시작했다."

Part 6

스토리,

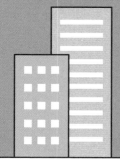

모든 브랜딩의
시작과 끝

SMALL BRAND

당신에겐 어떤
'이야깃거리'가 있는가?

어느 날 입시 학원 원장을 소개받았다. 그는 책을 만들고 싶다고 했다. 특이한 것은 그의 학원이 한국예술종합학교 입시 전문 학원이라는 점. 가장 좋아하는 김애란 작가가 한예종 출신인 것은 알았지만 그때까지도 그 정도로 유명한 학교인 줄은 미처 알지 못했다. 관심 밖의 학교였지만 연극, 영화를 공부하고 싶은 입시생들에게는 일종의 서울대처럼 선망의 대상이 되고 있었다. 그러고 보니 창조성이 가득한 이 학교의 입시 문제 자체가 SNS상에서 화제가 되었던 기억이 문득 떠올랐다. 하지만 한 권의 책을 만드는 일이 얼마나 어려운지를 아는 나로서는 잠시 망설여졌다. 일단 만나기로 했다. 신사동의 다소 허름해 보이는 4층 건물에서 원장을 만났다. 그리고 또 한 번 놀랐다. 세상에는 이렇게 숨은 고수가 있는 법이다.

이 학원은 최근 한예종 특별 전형 합격자를 다수 배출했다. 비결을 물으니 '합격할 만한 학생'을 모은다고 했다. 그렇다면 더 대단하다. 합격할 만한 학생을 알아볼 만한 안목을 가진 셈이니 말이다. 물론 시장은 턱없이 작다. 한예종, 그것도 연극영화과 전형을 지원하는 학생은 한 해에 800명 남짓이라고 한다. 하지만 이 작은 시장에서 압도적인 결과를 만들어내니 학원은 폭발적으로 성장하는 추세다. 그야말로 틈새시장 중의 틈새시장을 집요하게 두드린 셈이고 지금은 전국 3,000여 개 연기 학원 중에서도 가장 개성 있고 차별화된 '한예종 입시 전문 학원'으로 단단하게 뿌리를 내렸다. 이쯤 되면 궁금해진다. 무엇이 이 학원의 이런 '차별화'를 가능하게 했는지.

900여 개의
블로그 글

물론 답은 창업자에게 있다. 한양대와 한예종 대학원을 나온 원장은 연기는 자신의 길이 아님을 일찍 깨달았다. 그보다 학생들을 가르치는 일에 소질이 있음을 깨닫고 일찌감치 학원 강사 생활을 시작했다. 그리고 철저하게 학교와 교수 입장에서 기본과 정석을 가르치는 일에 집중한 것이 가장 큰 성공의 이유였다. 그 방법은 매우 집요하고 절실하고 디테일했다. 우선 수년 동안 학원에 자리를 깔고 숙식을 해결할 정도로 이 일에 헌신했다. 자신을 반으로 가르면 왼쪽은 연기, 오른쪽은 영화로 나눠질 거라 호언장담할 만큼 학원 입시와 학생 지도에 모든 시간을 쏟았다. 그리고 그 날것 그대로의 경험을 블로그에 900여 개의 글로 썼다. 학생들을 지도하고 난 새벽 시간, 피곤과 졸음을 무릅쓰고 그 글들을 기어이 써냈다. 현장감과 절실함이 살아 있는 그 글은 콘텐츠로서 충분했다. 약간의 교열과 윤문을 더하자 출판사가 탐낼 만한 단행본 원고가 됐다. 실제로 메이저 출판사 출신 편집자 두 분과 책을 내기로 했다.

사람들은 자신의 업이 '브랜드'가 되길 바란다. 비슷한 업종의 누구보다도 차별화되길 원하고 광고 없이 입소문만으로도 경쟁력을 갖춘 '진짜' 브랜드가 되길 원한다. 하지만 잊지 말아야 할 것이 있다. 브랜드는 언제나 차별화된 스토리를 원한다는 것을. 입소문은 결국 그 이야기가 좀 더 쉽게 전해지는 과정에 불과하다. 주변 사람들에게 '이야기하고 싶을 만큼' 차별화된 스토리가 없다면 그 외에는 (거의) 모두 광고다. 그리고 이 땅의 그 누구도 광고에 시간과 비용을 쓰고 싶어 하지 않는다.

그렇다면 초점은 분명해진다. 브랜드가 되려면 '이야기'가 필요하다. 이야기가 없는 브랜드는 차별화에 실패한 것이다. 반대로 아무리 작은 브랜드라도 이야기가 있으면 가능성이 있다. 차별화되고 진정성이 있다면, 절실함이 숨어 있다면, 거기에 재미와 감동까지 더해진다면 그보다 좋은 브랜드 스토리는 없다.

완벽해지기 위해
하나의 글도 못쓰고 있다면

이 학원 원장의 글쓰기 방식은 다소 독특했다. 원생들에게 정말로 '이야기하듯' 썼다. 때로는 호소하고 때로는 야단도 쳤다. (원고에서는 최대한 완화했지만) 원생들에게 통할 법한 비속어도 아낌없이 쓰고 있었다. 대학 교수나 아저씨의 고리타분함은 찾아볼 수 없었다. 대신 매일 열심히 썼다. 쓰고자 하는 약속을 지키기 위해 때로는 몇 개의 최신 글이 '쓰는 중…'으로 마무리되는 경우가 많았다. 피곤함을 무릅쓰고 쓰다가 지친 날에도 쓰기를 지속한 것이다. 완벽한 하나의 글을 쓰기 위해 결국은 단 하나의 글도 쓰지 못하는 사람들이 얼마나 많은가. 원장은 그런 사람들과는 다르게 결국 천여 개에 육박하는 미완성의 글을 만들었다. 결국 출판으로 이어지는 눈에 보이는 결과를 만들어냈다. 틈새시장은 그냥 만들어지지 않는다.

제품도 많다. 서비스도 많다. 그러나 귀를 쫑긋하게 하는 남다른 이야기는 언제나 소비자의 눈길을 끌고 귀를 세운다. 좀 더 민감한 소비자와 전문가의 이목을 집중시킨다. 이런 제품과 서비스를 따라 하려는 이들에게서는 절대로 찾을 수 없는 힘이다. 그들만의 이야기가 없기 때문이다. 세상에 없는 무언가를 시도하고 실패하는 집요함과 진정성이 담긴 이야기는 절대로 벤치마킹으로 만들어지지 않는다. 반짝하는 성공은 오히려 쉽다. 그러나 수십 년을 가는 진짜 브랜드는 절대적으로 숙성의 시간이 필요하다. 그 시간을 통해 하나의 이야기가 발효의 과정을 거치기 때문이다. 그런 이야기는 반드시 자신만의 향기를 만들기 마련이고, 그제야 그 제품과 서비스는 뭇사람의 인정을 받아 브랜드가 된다. 그런 브랜드를 만들고 싶다면, 한 가지 묻고 싶다. 당신에게는 누구에게서도 듣지 못했던 이야기가 있는가.

"브랜드는 언제나 차별화된 스토리를 원한다는 것을. 입소문은 결국 그 이야기가 좀 더 쉽게 전해지는 과정에 불과하다."

이야기는 포장이 아니다, 집요한 문제 해결의 결과다

2008년, 글로벌 금융 위기가 터졌다. 주문이 뚝 끊겼다. 2009년 순손실만 약 1,400만 엔, 빚만 3,000만 엔에 이르렀다. 한 개에 35만 원 하는 알루미늄 재질의 노트북 거치대를 팔던 테라오 겐은 그제야 굳게 마음을 먹었다. 불황이 더 심해지면 소비자는 꼭 필요한 물건만 살 것이다. 그렇다면 사람들은 무얼 필요로 할까? 소비 전력이 1000W가 넘는 에어컨은 이런 시대에 더는 필요 없다는 생각이 들었다. 오랜 고민 끝에 그는 '자연의 바람'을 재현하는 선풍기를 떠올렸다. 2010년에 탄생한 이중날개 구조의 혁신적인 선풍기 '그린팬'이 탄생하는 순간이었다.

그는 생각했다. 왜 일반 선풍기 바람은 오래 쐴수록 머리가 아플까. 지속적인 관심과 연구 끝에 일반 선풍기는 소용돌이 모양으로 바람이 생겨 피부에 자극이 심해진다는 것을 알아냈다. 하지만 그가 새로 개발한 그린팬은 중앙과 외곽의 두 부분에서 보내는 풍속이 달라 소용돌이를 만들지 않는다. 아울러 고각의 직류 모터를 달아 전력 소비를 10분의 1까지 줄였다. 일반 선풍기보다 10배나 비쌌지만 2011년 동일본 대지진 이후 전력난이 이어지면서 그린팬은 대히트를 기록했다. 그리고 연이어 내놓은 가습기 레인과 공기청정기 에어 엔진이 잇따라 출시되어 성공을 거둔다. '소형 가전 업계의 애플'로 불리는 발뮤다BALMUDA는 이렇게 시장에 모습을 드러냈다. 어쩌면 한 번쯤 들었을 법한 성공 스토리 중 하나인 것 같다가, 한 가지 이야기가 눈길을 끌었다.

선풍기 대신
'기분 좋은 바람'을 팔다

고등학교를 중퇴한 테라오 겐은 어머니의 보험금 3천만 원을 들고 유럽을 여행했다. 스페인, 이탈리아, 모로코 등 지중해를 따라 1년간 여행을 했다. 그는 원래 기타리스트였다. 10년간 연주 활동을 하고 록 밴드 생활도 했지만 결국 큰 성공을 거두지는 못했다. 그런 그가 '디자인'에 관심을 가진 계기는 디자인도 연주처럼 '창조적인 일'이라고 생각했기 때문이다. 그렇게 디자인을 시작한 그가 세계 3대 디자인상만 8번을 받은 배경에는 어떤 비밀이 숨어 있을까? 그의 탁월한 '스토리텔링'에 그 비밀의 일부가 숨어 있다는 생각이 들었다. 그린팬의 성공이 그저 혁신적인 기술을 넘어 공감할 수 있는 이야기를 팔았다는 증거는 어렵지 않게 찾을 수 있다. 그는 선풍기를 팔지 않았다. 대신 '기분 좋은 바람'을 팔았다.

그는 선풍기를 개발하기에 앞서 어린 시절의 기억을 떠올렸다. 어린 시절 계곡에서 뛰어놀며 맞던 바람은 왜 그렇게 상쾌했을까? 오래도록 바람을 맞아도 왜 기분이 나빠지지 않았을까? 머리가 아프지 않았을까? 그런 의문이 꼬리에 꼬리를 물면서 그의 연구도 깊어졌다. 그는 자신의 제품을 만들던 공장에서 인부들이 거대한 선풍기 바람을 바로 맞지 않는다는 사실을 발견했다. 그들은 벽에 부딪혀 돌아온 선풍기 바람을 맞고 있었다. 그래야만 오래 쐬어도 머리가 아프지 않는다는 사실을 '경험'으로 알고 있었기 때문이다. 여기서 그린팬의 놀라운 성공이 시작됐다. 바람의 소용돌이를 막아주는 그린팬의 이중날개는 이런 과정을 통해 개발되었다.

하지만 그는 이 기술을 전면에 내세우지 않았다. 대신 어린 시절 여름날의 자신을 떠올렸다. 계곡을 누비며 뛰어놀던 그 시절의 '바람'을 이야기했다. 설득이 아닌 공감, 창조가 아닌 발견, 기술이 아닌 이야기. 그린팬의 성공 뒤에는 어려운 기술이 아닌 이야기가 숨어 있었다.

이야기는 포장이 아니다,
집요한 문제 해결의 결과다

발뮤다의 이야기는 여기서 그치지 않는다. 뒤이어 성공한 '더 토스터'는 개발이 한창이던 2014년 5월, 어느 비 오던 날의 바비큐 파티장에서 탄생했다. 전자레인지를 거쳐 나오면 언제나 빵은 수분을 잃고 딱딱해진다. 하지만 그날의 토스터는 달랐다. 직원 중 누군가가 이야기했다. "바비큐 파티를 한 날은 비가 왔어요." 그날은 공기 중의 수분 때문에 빵이 유달리 촉촉하게 익고 있었다. 그 원리를 이용해 5cc 용량의 작은 컵을 동봉한 발뮤다의 '더 토스터'가 탄생했다. 그리고 이 제품에 대한 열광은 지금도 수그러들지 않은 채 국내에도 상륙했다. 죽어가는 빵을 살리는 마술 같은 토스터로. 기존 토스터의 10배 가격을 받고도 불티나게 팔리는 중이다.

물론 핵심은 기술력이다. 평범한 토스터에 아무리 신화 같은 이야기를 붙이려 한들 사람들이 납득할 리 만무하다. 하지만 하루에 16시간은 근무하는 지독한 일벌레인 테라오 겐에게도 '기술'만이 전부는 아니었다. 그는 '더 토스터'의 빵을 소개하면서 젊은 시절의 유럽 여행을 이야기했다. 배고픔에 지친 그에게 전해진 시골 빵집 화덕을 거쳐 나온 빵을 이야기했다.

어쩌면 그는 본능적인 이야기꾼인지 모른다. 아무리 혁신적인 기술이라 한들 거대한 가전 업계의 기술을 압도한다는 것은 어려운 일일 것이다. 그래서 그는 '이야기'를 '선택'한 것인지도 모른다.

이야기는 포장이 아니다. 발뮤다가 그것을 보여준다. 어쩌면 기술이 그 이야기를 '포장'하고 있는 것처럼 보일 정도다. 하지만 잊지 말아야 할 것이 있다. 그는 이야기를 '만들지' 않았다. 그저 발견했을 뿐이다. 아마 지금도 그는 하루에 16시간을 일하고 있을 것이다. 또 하나의 새로운 이야기를 만들기 위해서. 그답게. 집요하게. 연구에 연구를 거듭하고 있을 것이다. 만일 그렇지 않다면 더 이상의 성공은 어려울지 모른다. 우리는 다름 아닌 그의 '이야기'에 중독되었으므로.

"어린 시절 계곡에서 뛰어놀며 맞던 바람은 왜 그렇게 상쾌했을까? 오래도록 바람을 맞아도 왜 기분이 나빠지지 않았을까? 머리가 아프지 않았을까? 그런 의문이 꼬리에 꼬리를 물면서 그의 연구도 깊어졌다."

이야기는 만들어지지 않는다, 발견된다

　브래들리Bradley는 시계 이름이다. 실물은 딱 두 번 보았다. 첫인 상은 '크다'였다. 하지만 왠지 모르게 기품 있어 보였다. 시계 가장자 리를 채운 작은 쇠 구슬(?)이 무광인데도 옅게 빛나고 있었다. 시계 침을 대신하는 듯했다. 그 후로 다시 한번 이 시계를 본 것은 교대 역 근처의 오픈 마트에서였다. 주인아저씨의 검게 그을리고 거친 손목 위의 시계가 묘한 이질감을 주었다. 하지만 안 어울린다고는 할 수 없었다. 문득 궁금증이 일었다. 어떤 이유로 이 시계가 이 아저씨의 손목에 다다를 수 있었을까? 어떤 사연 같은 거라도 있지는 않을까. 물론 나는 그 가게를 그냥 나왔다. 이게 바로 이 시계의 '힘'이라고 생각하면서.

이 시계의 탄생 스토리는 남다르다. 어느 날 미국에서 유학 중이던 한 학생의 옆에 시각 장애인 친구가 앉았다. 그가 시간을 물어보았다. 하지만 그의 손목엔 장애인용 시계가 있었다. 그가 물었다. 시계가 있는데도 왜 굳이 다시 물어보냐고. 그 친구가 말했다. 소리로 시간을 알려주는 이 시계를 사용하는 순간 자신이 시각 장애인임을 주변에 광고하는 셈이 된다고. 그래서 시간을 물어보았다고 답했다. 그 순간 그는 한 가지 생각을 떠올렸다. 음성이 아니라 '만지는 것'만으로 시간을 알려 주는 시계가 있으면 어떨까 하고. 그리고 한 가지를 더 생각해냈다. 그 시계는 멋있어야 하겠다고. 비장애인도 탐낼만큼 멋진 디자인의 시계여야 하겠다고. 그래서 장애인을 위한 시계인지조차도 모르게 해야겠다고. 그날부터 그의 손 위에서 하나의 시계가 탄생하기 시작한다. 바로 브래들리의 탄생이다.

'진짜 이야기'가
사람들을 흥분시킨다

많은 이들이 '스토리텔링'의 중요성에 관해 이야기하곤 한다. 브랜드 스토리를 만들어달라는 사람들을 종종 만난다. 하지만 그때마다 나는 이렇게 답하곤 한다. 브랜드 스토리는 '만드는' 것이 아니라

'발견되는' 것이라고. 이 말에는 여러 의미가 함축되어 있다. 화려한 포장이나 의도적인 의미 부여가 아닌, 그 브랜드가 원래 가지고 있던 독특하고 가치 있는 생각이 아니라면, 그 어떤 브랜드 스토리도 필경 무의미할 거라는 의미이다. 브랜드의 핵심은 '차별화'이고, 그 차별화는 다른 어떤 것도 아닌 '제품력'에서 출발한다. 제품이 좋지 않은데 광고나 프로모션이 효과적일 리 없다. 그것이 효과적이라면 사기가 아니고 뭐겠는가. 하지만 그 제품이 '진짜'라면 만들어진 이유가 있고, 그것이 탄생하기까지의 어려움은 어쩌면 필수 불가결한 것이다. 쉽게 쓰인 시는 감동을 주지 못한다. 세상의 진짜들은 대부분 '이야기'를 가지고 있다. '진짜 이야기'는 사람들을 흥분시킨다.

사실 시계의 이름 브래들리는 아프가니스탄 전쟁에 참전한 미국의 상이용사의 이름이다. 미국 군인 '브래들리 스나이더'는 군 복무 중 불의의 사고로 시력을 잃는다. 하지만 그는 용기를 잃지 않고 2012년 런던 패럴림픽에서 두 개의 금메달과 하나의 은메달을 목에 건다. 좌절이 아닌 도전을 선택한 그의 선택은 많은 이들에게 영감을 주었고, 그런 사람 중에는 바로 이 브랜드, 브래들리가 있었다. 브래들리는 영리하게도 그들의 이야기를 전할 사람으로 이 군인을 선택했다. 영특하지 않은가. 이 브래들리란 시계. 포장마저도 점자로 가득한 이들의 마케팅 전략은, 그러니까 이 모두가 그들의 독특한 '스토리'로부터 시작되었다. 그리고 이것이 그들의 가장 큰 자산임은 두말할 나위가 없다.

이야기 없는 브랜드는
미래가 없다

브랜딩은 홍보나 마케팅의 노하우에 관한 문제만은 아니다. 어쩌면 신뢰와 진정성의 영역이다. 브랜딩을 너무 쉽게 말하는 것은 조금 무모한 일인지 모르겠다. 하지만 대부분의 창업자가 브랜딩을 피상적으로 생각하거나, 반대로 너무 어렵게 생각하는 것을 볼 때는 안타깝기도 하다. 돈을 벌고 난 후에야 시작하는 포장 정도로 생각할 때는 더욱 그렇다. 하지만 어떤 제품이나 서비스를 제공하건 '경쟁'은 필수적이고, 그 경쟁에서 승리하기 위한 가장 효과적이고, 때로는 경제적인 방법이 '브랜딩'이라고 생각한다. 브랜딩은 결국 차별화이고, 그 차별화의 시작은 결국 '이야기'를 통해 전달되기 마련이다. 왜 그 제품이 소비자들의 선택을 받아야 하는지, 무엇이 어떻게 다른 제품들과 다른 것인지, 그 서비스가 남다른 이유는 도대체 무엇 때문인지, 이에 대해 말할 수 없는(스토리텔링) 브랜드는 미래가 없다. 그 누구도 그 제품에 관심을 두지 않을 것이기 때문이다.

브래들리는 특별한 이야기를 가진 브랜드다. 그래서 디자인과 제품력 못지않은 '스토리텔링'으로 시장의 관심을 얻을 수 있었다. 모든 이야기가 이렇게 극적일 수는 없고, 그럴 필요도 없다. 하지만 '이야기'는 반드시 있어야 한다. 사람들은 그 제품과 서비스 뒤에 숨은 이야기에 열광하기 마련이니까. 그 이야기가 모든 입소문과 바이럴 마케팅의 시작점이 될 테니까. 그 이야기로부터 매력적인 카피와 때로는 네이밍이 탄생할 테니까. 마치 시계 '브래들리'의 탄생처럼. 그래서 묻고 싶다. 당신이 만드는 제품에는, 서비스에는, 어떤 스토리가 숨어 있는지.

"그 제품이 '진짜'라면 만들어진 이유가 있고, 그것이 탄생하기까지의 어려움은 어쩌면 필수 불가결한 것이다. 쉽게 쓰인 시는 감동을 주지 못한다. 세상의 진짜들은 대부분 '이야기'를 가지고 있다. '진짜 이야기'는 사람들을 흥분시킨다."

당신은 상품이 아닌
무엇을 팔고 있는가?

카이스트 출신 박사들이 마음을 모았다. 최고의 기술을 가진 그들은 무엇을 만들지 고민했다. 그리고 선택한 사업이 조명 사업이었다. 타 산업보다 가능성이 큰 시장 같았다. 그들이 가진 기술을 통해 조명 산업의 수준을 한 단계 끌어올릴 수 있을 것 같았다. 그렇게 만들어진 천장 등은 스마트폰 앱으로 세밀하게 조도를 조절할 수 있었다. 스탠드 등은 1,600만 가지 컬러로 색을 바꿀 수 있었다. 수십억에 달하는 대기업의 투자와 OEM 생산(Original Equipment Manufacturing, 주문자가 요구하는 제품과 상표명으로 완제품을 생산하는 것)이 이어졌다.

그러나 한 가지 빠진 것이 있었다. 그들에게 없는 것은 바로 '브랜드'였다. 네이밍 의뢰를 받았을 때는 제품 개발이 모두 끝난 즈음이었다. 두세 달의 작업을 통해 50여 가지의 결과물을 회사에 전달했다. 다행히 마지막 PT는 성공적인 반응을 끌어냈다. 최종 선정된 서너 가지의 네이밍은 나도 익히 예상한 바였다. 하지만 며칠 후 전달된 최종 결과는 전혀 다른 네이밍을 담고 있었다. 적어도 경영진만큼은 만장일치로 선택한 이름이라고 했다.

'소요리小曜利'

한자로 '작지만 빛나는 이로움'이라는 뜻이다. 주 타깃은 자신의 방을 직접 꾸미고 싶어 하는 1인 가구였다. 회사 동료 중 하나가 자신의 원룸에 레일 조명을 설치한 것을 보고 생각해낸 아이디어였다. 그들에게 조명은 단순히 어두운 곳을 밝히는 장치가 아니었다. 자신의 공간을 통해 스스로를 꾸미고 드러내고 싶어 하는 이들을 위한 감각적인 도구였다.

이 모든 의미를 담을 수 있는 말로 '소확행'이라는 단어가 떠올랐다. 그렇다면 이 조명의 존재를 알리는 이름은 어떤 이름이어야 할까? 며칠 동안 '소小'자로 시작되는 단어를 가지고 온갖 조합을 다 시도해 보았다. 조명이라는 아이덴티티도 단어에 포함되어야 했다. 그때 문득 '소요리小曜利'란 단어가 떠올랐다. 내 방을 밝히는 '작지만 빛나는 이로움'이란 말로 설명할 수 있었다.

소요리,
일상을 비추는 작은 위로

하지만 이 네이밍이 선정될 수 있으리라고는 전혀 예상이 못했다. 창업자들의 면면을 보면 그건 당연한 예측이었다. 누구보다도 자신의 기술에 자부심을 가진 이들이었다. 이미 해외 유수한 박람회를 다니며 자신의 독보적인 기술을 뽐내는 회사였다. 그런 그들에게 설명했다. 사람들은 어려운 기술이나 특허에 관심이 없다고. 그들에게 조명은 자신이 입고 있는 옷과도 같다고 했다. 액세서리나 패션에 가깝다고 했다. 일상에서 얻을 수 있는 작은 위로라고 했다. 사실 그건 과장이 아니었다.

소요리의 조명을 설치하면 집에 들어가기도 전에 조명을 켜 놓을 수 있었다. 침대 위에서도 불을 끌 수 있었다. 아침이 오면 서서히 조명이 들어와 기분 좋게 잠에서 깰 수 있었다. 노트북으로 영화를 볼 때면 그에 맞게 조명을 세팅해 둘 수 있었다. 친구들이 놀러 오면 붉고 푸른 조명으로 공간의 분위기를 한 번에 바꿀 수 있었다. 커피 한 잔이 주는 분위기가 간절한 날은 카페와 같은 조명으로 바꿀 수도 있었다. 그에 맞는 이름이 필요했다. '소요리'는 바로 그런 컨셉에 너무나도 어울리는 이름이었다.

이 네이밍 작업을 위해 가장 먼저 한 일은 업의 본질을 재정의하는 일이었다. 이 회사는 단순한 조명 회사가 아니라 무엇이라 말할 수 있을까? 그 보이지 않는 괄호 안을 채우는 작업을 해야 했다. 가족이 모여 사는 집은 세밀하게 조절 가능한 등이 필요 없을 것 같았다. 반면 1인 가구나 주방 등이 그래야 할 필요성이 더욱더 높을 것이라고 생각했다. 홀로 사는 20대 후반이나 30대 여성들이 가장 먼저 떠올랐다. 그즈음 '케렌시아'라는 말이 유행하고 있었다. 케렌시아란 투우장에서 소가 마지막 공격을 위해 숨을 고르는 장소를 의미한다. 조금은 슬픈 단어지만 일상의 회복이 가능한 장소로 흔히 통용되는 말이었다. 컨셉이 조금씩 뾰족해졌다. 그것은 바로 '빛이 주는 이로움'이었다.

선명한 컨셉으로 이끄는
한 가지 질문

업의 본질을 재해석하는 일은 이만큼 중요하다. 만일 이 작업이 선행되지 않았다면 결코 나올 수 없는 이름이었기 때문이다. 화장품 회사는 자신이 만드는 것이 화장품이 아닌 그 무엇임을 말할 수 있어야 한다. '침대는 가구가 아니다'라는 광고가 괜히 전설이 된 것이 아니다. 자신이 만드는 제품과 서비스를 재해석하고 재정의하는 과정은 이제 모든 브랜딩 작업의 필수 과정이 되었다. 카이스트 출신의 박사들이 만든 조명 회사에서 '소요리'란 감성적인 브랜드명이 탄생할 수 있을 만큼 말이다.

브랜드를 고민한다면 다음의 질문에 먼저 답해 보자. 자신이 만드는 제품이나 서비스의 이름을 넣어 다음과 같은 질문에 답해 보자.

나는 [   ]이 아닌 무엇을 팔고 있는가.

앞서 소개한 우동 가게는 사실 '공감'이라는 가치를 팔고 있었다. 참기름 브랜드는 '양심'을 팔고 있었다. 주유소와 꽃가게는 기름과 꽃이 아닌 '행복'을 팔고 있었다. 이 질문의 답에 들어가는 단어, 혹은 가치들이 컨셉의 원천이 된다. 이 컨셉을 메시지나 비주얼로 표현하고 전달하는 일련의 과정들을 우리는 '브랜딩'이라고 부른다. 그래서 브랜딩은 어렵다. 이 질문에 한 번에 답할 수 있는 사람들은 이제껏 만나지 못했다. 그러나 브랜딩은 한편으론 쉬운 일이기도 하다. 소비자들에게 전하고자 하는 메시지나 그림이 분명하다면, 이미 그 브랜드는 차별화되어 있을 것이기 때문이다.

"'침대는 가구가 아니다'라는 광고가 괜히 전설이 된 것이 아니다. 자신이 만드는 제품과 서비스를 재해석하고 재정의하는 과정은 이제 모든 브랜딩 작업의 필수 과정이 되었다."

그래서
당신은 브랜드입니까?

오래도록 품은 질문 한 가지가 있었다. 사람도 제품이나 서비스처럼 '브랜드'가 될 수 있을까? 이 질문이 오래도록 뇌리를 떠나지 않았다. 서른 중반의 뒤늦은 나이에 '브랜드'라는 것을 처음 알게 되었을 때도, 가장 매력적인 대상은 제품과 서비스 뒤에 숨은 '사람'들이었다. 사람들이 애플의 제품에 열광할 때 '스티브 잡스'라는 사람에 더 끌렸다. 아마존 뒤에 숨은 제프 베조스가 궁금했고, 유니클로에 뒤에 숨은 타다시 야나이가 궁금했다. 그들을 사람으로서 좋아하느냐는 두 번째 문제였다. 그렇게 차별화된 제품과 서비스를 만들어내게 된 그들의 '생각'이 궁금했다. 이런 고민은 자연스럽게 다음의 질문으로 이어졌다. 그렇다면 나도 '브랜드'가 될 수 있을까? 그렇다면 지금 당장 무엇을 해야만 할까?

그 한 가지 방법으로 '기록'을 선택했다. 매일 새벽에 세 줄의 일기를 썼다. 첫 줄에는 그 전날 있었던 가장 안 좋았던 일을, 둘째 줄에는 가장 기분 좋고 행복했던 일을 썼다. 마지막 줄에는 그 날의 각오를 짧게 적었다. 그렇게 5년 가까이 세 줄의 일기를 써왔다. 그렇게 써온 노트가 이제 대여섯 권이다.

하루는 날을 잡아 그 기록을 정리하기 시작했다. 세 개의 주제로 나눠진 노트는 비로소 내가 '어떤' 사람인지를 말해주기 시작했다. 어떤 일과 어떤 사람이 내게 새로운 에너지를 주는지 분명해졌다. 내가 어떤 일과 사람으로 인해 에너지를 빼앗기는지도 함께 알 수 있었다. 내가 어떤 삶을 살아가고 싶은지도 조금 더 선명해졌다.

'나는 어떤 것을 통해 가장 큰 힘을 얻고 있을까?' 하고 살펴보았다. 결과는 뜻밖이었다. 나는 다른 사람들과의 교감과 소통을 통해 가장 큰 힘을 얻고 있었다. 내가 말하고 싶은 주제에 대해, 그것에 관심을 가진 사람들과 나누는 강의와 대화와 교감을 통해 가장 큰 에너지를 얻고 있었던 것이다. 이것이 내게 뜻밖으로 다가왔던 이유는 간단했다. 나는 혼자 있는 것이 좋았다. 한 주의 일과를 모두 마친 금요일 밤의 맥주 한 캔, 그리고 영화나 미드 한 편을 일상의 가장 큰 행복으로 생각하는 사람이었다. 사람과의 관계로 인해 우울증과 공황 장애까지 겪었다. 그런데도 내가 사람들과의 관계를 통해 가장 큰 에너지를 얻고 있었다니, 뜻밖이지 않을 수 없었다.

　사건의 발단은 이랬다. 약 7년 간 다니던 회사를 나온 후 나는 어느 스타트업에서 '자기 발견'이라는 주제의 교육 프로그램을 기획하고 있었다. 오래도록 품어왔던 나의 고민에 대한 답을 찾기 위한 일련의 과정 중 하나였다. 다행히 이러한 뜻을 이해하고 공감해준 스타트업 대표의 도움을 얻어 교육 과정을 만들어 가던 중이었다. 그런데 불가피하게 강사가 필요한 순간이 왔다. 공교롭게도 스타트업 멤버 중에는 강사의 경험을 가진 사람이 아예 없었다. 얼떨결에 내가 첫 강의를 맡는 사단이 벌어지고 말았다. 첫 강의가 있던 하루 전, 나는 잠을 이루지 못했다. 강의가 있던 날, 나는 식은땀과 서늘한 기운의 존재를 몸소 체험할 수 있었다. 어떻게 강의를 했는지도 모르게 첫날이 지났다. 하지만 더 놀라운 일은 그다음에 벌어졌다. 반응이 나쁘지 않았다. 아니 반응이 좋다고 말할 수 있었다. 그렇게 하루짜리 프로그램이 5주간의 프로그램으로 확대되기 시작했다.

　강의가 이어졌다. 그 회사를 나와 혼자 일한 후로도 강의는 계속되었다. 나는 그 과정을 한 포털 사이트의 블로그에 글로 쓰기 시작했다. 그 글을 읽는 사람이 조금씩 늘어갔다. 그러다 어느 하나의 글을 무려 13만 명의 사람이 보고 가는 놀라운 일이 벌어졌다. 얼마 지나지 않아 출판사 편집자로부터 연락이 왔다. 내 글을 책으로 출판하고 싶다는 의뢰였다. 나는 어안이 벙벙했다. 솔직히 계약서에 사인을 하면서도 책으로 나오리라 확신하지 못했다. 표지가 정해지고, 출판사 담당자들을 만나면서도 오히려 그들을 보며 측은한 마음을 갖곤 했다. 어쩌자고 이런 무명의 작가를 대상으로 책을 낼 생각을 하셨을까. 그렇게 첫 책이 나왔다. 그런데 진짜 이야기는 그때부터 다시 시작되고 있었다.

책은 오래지 않아 2쇄를 찍었다. 어느 날 페이스북에서 출판된 책 5권 중 1권만이 2쇄를 찍는다며, 축하한다는 인사 댓글이 달린 것을 보았다. 강의가 이어졌다. 다양한 사람들을 많이 만났다. 다행히 대부분의 강의는 내게 교감을 넘어선 용기를 주었다. 사람들에게 희망과 용기를 준다는 사실이 한 없이 뿌듯했다. 어느 새 나는 책의 제목인 '스몰 스텝' 전문가로 인식되고 있었다. 단순한 습관 만들기가 아닌, 한 사람이 어떻게 '자신을 발견'해 갈 수 있느냐에 대한 답을 제시하며 사람들에게 알려지기 시작했다.

어느 날은 용기를 내 공개 강의를 했다. 대여섯 명의 사람들이 모여 어설픈 내 강의를 들었다. 그 모임이 1년 가까이 이어졌다. 이제는 수백 명의 사람들이 가입한 단톡방이 되었다. 예닐곱 개의 작은 단톡방들이 새로이 만들어졌다. 모두가 나처럼 '자신을 발견'하기 위해 '스몰 스텝'을 실천하는 사람들의 모임이었다. 오프라인 모임이 커졌다. 이 모임의 구성원들이 강사가 되는 놀라운 일들은 지금도 여전히 계속되고 있다. 새로운 모임들이 늘어나고 있다.

이제 내가 이 글의 서두에 제시한 질문으로 되돌아가 보자. 한 사람은 어떻게 '브랜드'가 될 수 있을까? 여기서 말하는 브랜드란 '유명인'이 되는 것과는 조금 다르다. 많이 알려진 사람이라고 해서 브랜드라고 부를 순 없다. 반대로 무명의 사람인데도 브랜드라 부를 수 있는 사람도 적지 않다. 핵심은 역시나 '차별화'다. 다른 사람들과 뚜렷이 구분되는 철학과 가치, 그리고 이를 뒷받침할 수 있는 지속적인 실천이 따를 때 사람은 비로소 브랜드가 된다. 그리고 그 과정은 평생토록 계속된다. 그렇다면 감히 나 스스로를 '브랜드'라고 부를 수 있을까?

감히 말하자면 '그렇다'. 나는 유명한 사람이 아니다. 돈을 많이 벌지도, 한 분야에 뚜렷한 족적을 남긴 인물은 더더욱 아니다. 그럼에도 불구하고 나 스스로를 '브랜드'라고 부를 수 있는 이유는 다른 사람들이 '자기답게' 살아갈 수 있도록 돕는 일에 오래도록 관심을 가져왔기 때문이다. 나만의 방법론을 만들어가고 있기 때문이다. 그 과정이 주는 기쁨과 행복과 보람을 충만하게 누리고 있기 때문이다. 마치 이름 없는 골목 깊숙한 곳의 어느 빵집처럼, 아는 사람만 아는 '작은 브랜드'다. 앞으로도 유명해질 생각은 없다. 파리바게뜨처럼 유명한 브랜드가 될 일은 없을 것이다. 그러나 나는 괜찮다. 만족한다. 내가 지향하는 가치에 부합한 일상을 살아가고 있기 때문이다.

지금 하는 일의 특성상 작은 회사를 일군, 유명하지 않은 분들을 많이 만나왔다. 그런데 그들에게서 여느 큰 회사의 대표들에게서는 느끼지 못했던 깨달음과 감동을 숱하게 경험해 왔다. 큰 회사의 브랜딩도 필요하다. 그들의 브랜딩도 진짜다. 하지만 길거리에서 떡볶이를 파는 아주머니도 그에 못지않은 브랜드가 될 수 있다. 광장 시장의 기름 떡볶이를 만드는 할머니처럼 꼭 유명하지 않아도 괜찮다. 소소하지만 자신의 일에 만족하고, 자신이 만드는 제품과 서비스를 통해 타인에게 기쁨과 행복과 만족을 줄 수 있다면 그것이 소위 '브랜드'가 아니고 뭐란 말인가. 나는 크고 거대한 브랜드보다, 이렇게 작고 소박한 브랜드의 존재가 이 나라의 경제를 살리는 좋은 생태계를 이루는 핵심이라고 믿는다. 나는 그런 사람들의 이야기를 발견하고 전파하는 일이 즐겁다. 그래서 나는 스스로를 '브랜드 스토리 파인더Brand Story Finder'라고 이름 붙였다. 브랜드 스토리 파인더로서 당신의 브랜드를 세상에 선보일 수 있길 간절히 바란다.